百丈懷海

高僧傳

奠定禪林清規

編撰——李明書

【編撰者簡介】

李明書

臺灣大學哲學博士，現任浙江大學哲學學院特聘研究員。研究方向為佛教哲學，尤其重視人文思想與生命之間的關係，應用於生命實踐上。著有《論心之所向——《論語》與《雜阿含經》比較研究》、《神秀禪師——北宗禪之祖》、《六祖惠能——禪源曹溪》、《達摩祖師——漢傳禪宗初祖》等專書，及四十餘篇學術論文。

曾獲第四屆華夏古典教育研究獎優秀獎、李叔同教育思想研究徵文活動一等獎、如學禪師佛教文化博碩士論文獎、第六屆世界青年佛學研討會論文優勝獎、復旦大學國學論壇論文特等獎等多種學術獎項。

【「高僧傳」系列編輯序】

令眾生生歡喜者，則令一切如來歡喜

「為佛教，為眾生」六個字，乃是印順法師於臺北市龍江街慧日講堂（後因大門遷移，地址遷至朱崙街）為證嚴法師授予三皈依、並賜法名時的殷殷叮囑：「既然出家了，你要時時刻刻為佛教、為眾生。」

依證嚴法師解釋：「為佛教」是內修清淨行，「為眾生」則要挑起如來家業，走入人群救度眾生。因此法師稟承師訓，一心一志「為佛教還原教義，為眾生點亮心燈」，而開展慈濟眾生的志業。

歷代高僧之「為佛教、為眾生」

證嚴法師開創「靜思法脈，慈濟宗門」，並將其與「為佛教，為眾生」合釋：「靜思法脈」乃「為佛教」，是智慧；「慈濟宗門」即「為眾生」，是大愛。

進而言之，「靜思法脈，慈濟宗門」即菩薩道所強調的「悲智雙運」：「靜思法脈」是「智」，「慈濟宗門」是「悲」；傳承法脈、弘揚宗門就要「悲智雙運」，積極在人間發揮慈、悲、喜、捨四無量心。此亦即慈濟人開展四大志業、八大法印時的根本心要。

由其強調「悲智雙運」可知，「靜思法脈，慈濟宗門」並非標新立異，而是傳承佛陀教法以及漢傳佛教歷代高僧的教誨——包括身教與言教，並要求身心皆徹底踐履。為了讓世人明瞭慈濟宗門之初心與悲願，也讓這些歷代高僧的事蹟與精神更廣為人知，大愛電視臺秉持證嚴法師的信念，於二〇〇三年起陸續製作《鑑真大和尚》與《印順導師傳》動畫電影，將佛教史上高僧大德的動人故事，經由動畫電影的形式，傳遞到全世界。

因為電影的成功，大愛電視臺進一步籌畫更詳盡的電視版〈高僧傳〉——採取臺灣民眾雅俗共賞的歌仔戲形式。〈高僧傳〉的每一部劇本都是經過數個月的資料研讀與整理，縝密思考後才下筆，句句考證、字字斟酌。製作團隊感受到每一位大師皆以身作則、行菩薩道的特質，希望將每位高僧的大願與大行傳遍世界。

然而，不論是動畫或戲劇，恐難完整呈現《高僧傳》中所載之生命歷程，以及諸位高僧與祖師之思想以及對後世之貢獻。因此，慈濟人文志業中心便就〈高僧傳〉歌仔戲所演繹過的高僧，以《高僧傳》及《續高僧傳》之原著為基礎，含括了日、韓等國之佛教史上的知名高僧，編撰「高僧傳」系列叢書。我們不採取坊間已有之小說體形式，而是嚴謹地參照人物評傳的現代寫法，參酌相關之史著及評論，對其事蹟有所探討與省思，並將其社會背景、思想及影響皆納入，雜揉編撰，內容包括高僧的生平、傳承及主要思想或重要經典簡介。從中，我們不僅可以讀到歷代高僧的智慧與悲心，亦可一覽相關的佛教史地、典籍與思想。

在編輯過程中，我們可以看到歷代高僧之「為佛教，為眾生」：鳩摩羅什飽受戰亂、顛沛流離，仍戮力譯經，得令後人傳誦不絕，乃是為利益眾生；玄奘歷萬里之險取得梵本佛經、致力翻譯，其苦心孤詣，是為利益眾生；鑑真六次渡海欲至東瀛傳戒，眼盲亦不悔，是為利益眾生；六祖惠能隱居十五載以避害身之禍，只為弘揚如來心法，並言「佛法在世間，不離世間覺；離世求菩提，猶如覓兔角」，亦是為利益眾生……

這些高僧祖師大可獨善其身、如法修行以得解脫，為何要為法忘身、受諸逆境而不退？究其根本，他們不只是為了參究佛法，而是深知弘揚大乘佛法的目的乃在於大慈大悲地度化眾生、讓眾生能得安樂；若不能讓眾生同霑法益，求法何用？如《大智度論．卷二七》所云：

一切諸佛法中，慈悲為大；若無大慈大悲，便早入涅槃。

由此可知，就大乘精神而言，「為佛教」即應「為眾生」，實為一體之兩面。

「大悲」為「諸佛之祖母」

除了歷代高僧之示現，「為眾生」之菩薩道的實踐，於經教中更是多不勝數、歷歷可證。例如，《無量義經．德行品第一》便說明了菩薩作為眾生之大導師、大船師、大醫王之無量大悲：

無量大悲救苦眾生，是諸眾生真善知識，是諸眾生大良福田，是諸眾生不請之師，是諸眾生安隱樂處、救處、護處、大依止處。處處為眾作大導師，能為生盲而作眼目，聾劓啞者作耳鼻舌；諸根毀缺能令具足，顛狂荒亂作大正念。船師、大船師運載群生渡生死河，置涅槃岸；醫王、大醫王，分別病相曉了藥性，隨病授藥令眾樂服；調御、大調御，無諸放逸行，猶如象馬師，能調無不調；師子勇猛，威伏眾獸，難可沮壞。

如來於《法華經．觀世音菩薩普門品》中宣說，觀世音菩薩更以三十三種應化身度化眾生：

佛告無盡意菩薩：善男子，若有國土眾生，應以佛身得度者，觀世音菩薩即現佛身而為說法；應以辟支佛身得度者，即現辟支佛身而為說法；應以聲聞身得度者，即現聲聞身而為說法；應以梵王身得度者，即現梵王身而為說法；應以帝釋身得度者，即現帝釋身而為說法……應以天龍、夜叉、乾闥婆、阿修羅、迦樓羅、緊那羅、摩侯羅伽、人非人等身得度者，即皆現之而為說法；應以執金剛神得度者，即現執金剛神而為說法。無盡意，是觀世音菩薩成就如是功德，以種種形遊諸國土，度脫眾生，是故汝等應當一心供養觀世音菩薩。是觀世音菩薩摩訶薩，於怖畏急難之中能施無畏，是故此娑婆世界皆號之為施無畏者。

為何觀世音菩薩要聞聲救苦？因為菩薩總是「人傷我痛、人苦我悲」，恆以「利他」為念。如《大丈夫論》所云：

菩薩見他苦時，即是菩薩極苦；見他樂時，即是菩薩大樂。以是故，菩薩恆為利他。

正是因為這般順隨眾生、「以種種形」而令其無畏的無量悲心，讓觀世音菩薩受到漢傳佛教乃至於華人民間信仰的共同崇敬。慈濟人之所以超越貧富、超越國界、超越宗教地去關懷與膚慰需要幫助的生命，便是效法觀世音菩薩無量悲心、無量應化的精神。

在《法華經．普賢菩薩勸發品》中發願、將於佛滅後守護及教導受持《法華經》之眾生的普賢菩薩，於《華嚴經．普賢行願品》中則教導善財童子如何供養諸佛，亦揭示了如來、菩薩、眾生的關係：

於諸病苦，為作良醫；於失道者，示其正路；於闇夜中，為作光明；於貧窮者，令得伏藏。菩薩如是平等饒益一切眾生。何以故？菩薩若能隨順眾生，則為隨順供養諸佛；若於眾生，尊重承事，則為尊重承事如來；若令眾生生歡喜者，則令一切如來歡喜。何以故？諸佛如來，以大悲心而為體故。因於眾生，而起大悲；因於大悲，生菩提心；因菩提心，成等正覺。……若諸菩薩，以大悲水饒益眾生，則能成就阿耨多羅三藐三菩提故。是故菩提，屬於眾生；若無眾生，一切菩薩終不能成無上正覺。善男子，汝於此義，應如是解。以於眾生心平等故，則能成就圓滿大悲；以大悲心隨眾生故，則能成就供養如來。

《大智度論．卷二〇》亦云，佛陀強調，大悲心乃是諸佛菩薩之根本，具大悲心方能得般若智慧，亦方能成佛：

大悲，是一切諸佛、菩薩功德之根本，是般若波羅蜜之母，諸佛之祖母。菩薩以大悲心，故得般若波羅蜜；得般若波羅蜜，故得作佛。

「菩薩若能隨順眾生，則為隨順供養諸佛；若於眾生，尊重承事，則為尊重承事如來；若令眾生生歡喜者，則令一切如來歡喜。」閱及此段，不禁令人深深體會證嚴法師之智慧與悲心：慈濟宗門四大、八印之聞聲救苦、無量應化地「為眾生」，也是同時「為佛教」地供養諸佛、令一切如來歡喜啊！

歷代高僧雖未如慈濟宗門般推動慈善、醫療、乃至於環保、國際賑災等志業，乃因其時空因素，欲度化眾生先以弘揚大乘經教與法義為重；現今經教已備，所須的乃是效法菩薩道之力行實踐！慈濟宗門便是上承歷代高僧與經論之教法，推動四大、八印，行菩薩道饒益眾生，以此供養如來。

換言之，歷代高僧之風範、智慧及悲願，為佛教，也為眾生，此即諸佛菩薩之本懷，亦為慈濟宗門之本懷！這便是《高僧傳》系列叢書所欲彰顯者。

遙企歷代高僧儼然身影，我們可以肯定：為眾生，便是為佛教；為佛教，一定要為眾生！

【推薦序】

亦史亦禪：讀《百丈懷海》

——趙文（天津南開大學哲學院副教授）

撰寫禪宗研究的專著是件極為困難的事。禪宗「不立文字」，力圖打破語言和邏輯的桎梏，講求時時觀照本心。任何用語言文字來描述開悟方法的努力，都被認為是無意義的。然而，禪門師徒之間傳授禪宗心法，又不得不藉助言語而悟道。因此，古往今來的禪師們惜字如金，語中機鋒暗藏，往往令初學者望而卻步。

明書博士出入於儒佛之間，留心於中西之際。在過去的幾年當中，他接連出版了《六祖惠能——禪源曹溪》、《神秀禪師——北宗禪之祖》、《達摩祖師——漢傳禪宗初祖》等介紹禪宗祖師的專著，這些著作已成為哲學系、宗教學系禪宗研究入門的重要參考書，更是適合大眾學習禪宗思想的入門書籍。

明書博士介紹禪宗古德的著作語言流暢明快，娓娓道來，不僅有對禪師行跡的考證，也有對他們核心禪學思想的細緻解析，為初涉禪學的讀者們提供了極大的方便；借用禪家的話來講，真可謂是「老婆心切」！如今，明書博士的新書《百丈懷海》又付梓出版，邀請敝人作序；雖力有不逮卻欣然為之，實是為提前一睹新書內容為快。

首先，本書以百丈懷海一人之生平與行跡為主線，關注的卻是整個洪州禪的法脈源流。洪州禪作為中晚唐禪宗在江西弘法的一支，在敦煌唐五代文獻之中幾乎沒有留下痕跡，也曾受到繼承荷澤宗傳統之圭峰宗密的批評；到了宋代，卻一躍而成為禪宗史家筆下古典禪學之代表。

明書博士追溯洪州宗重要祖師百丈懷海禪師的生平，考察了他在禪史之中的傳承、貢獻與影響。該部分最大的特色在於，以鮮活生動的禪門公案穿插其間，重構起洪州宗的法脈傳承和思想特質。儘管由於資料所限，這種重構只能根據後世禪籍記載進行；但將洪州禪的禪學思想予以場景化呈現，能夠幫助讀者更好地理解，在洪州禪影響之下後世禪宗思想和實踐發展的特質。

另外，明書博士的《百丈懷海》還細緻地分析了百丈懷海禪師所創立的禪門規約的內容，為我們展現了百丈懷海時代禪宗叢林的管理制度，並概括了百丈懷海制定的禪門規約對後世清規類文獻之影響。

最後，本書總結了百丈懷海禪師的禪學特色，特別關注禪師提出的「靈光獨耀」的心性思想、「心如木石」的修行方式與「割斷兩頭法」的教學方法。通過分析禪門語錄所記載的百丈懷海禪師的開示、師徒問答以及日常生活中的教誨，揭示了百丈懷海禪師如何引導修行人超越言語和概念，直指人心、見性成佛。在分析過程中，明書博士不僅嘗試還原了百丈懷海的思想體系，還以與讀者對話的口吻，啟發著讀者的禪思，令讀者在閱讀過程中既有知識上的收穫，亦有明心見性之啟迪。

百丈懷海禪師的時代，是印度佛教在波羅王朝（西元八世紀中葉至十二世紀末期間，統治印度比哈爾、孟加拉一帶的王朝）時期迅速密教化的時代，也是本土化的中國佛教重新回歸歷史舞臺中心的轉折點。百丈懷海禪師上承馬祖道一禪學思想之精髓，下啟禪門規制之傳續，奠定了後世禪宗僧團發展的基礎。在這部關於百丈懷海禪師的深入研究和細緻分析的著作之中，明書博士為讀者們呈現出一個真實而生動的禪宗祖師形象，使我們能夠更好地理解這位禪門智者的教誨與他的傳奇經歷。這使得這位古德的形象和思想不再如一輪明月孤懸於天空，也像水中之月那般落在尋常百姓家中，照亮讀者之心。

盼望明書博士未來創作更多的禪宗祖師傳記，嘉惠學人。

【編撰者序】

佛之道以達摩而明，佛之事以百丈而備

本書是筆者繼《六祖惠能——禪源曹溪》、《神秀禪師——北宗禪之祖》、《達摩祖師——漢傳禪宗初祖》之後，所撰寫的第四本禪宗祖師傳記。

在撰寫達摩、惠能與神秀等三位大師傳記的過程中，多少有些從小聽聞傳說與民間故事的印象，循線找到相關的資料，再加以系統地整理。然而，百丈懷海大師雖在禪宗典籍、禪宗史中占有重要的地位，畢竟不如達摩等大師如此深入人心，無法透過既有的印象進行勾勒；是故需要有計畫地研讀相關的典籍與研究資料，才能確切得知懷海大師的生平與思想。

經過一年多的時間，鑽研懷海大師與禪宗史等相關資料得知，禪宗初期發展到唐代以前，叢林裡對於僧團修行及生活儀軌，尚未制定具體的規約或制度。從東土初祖菩提達摩到三祖僧璨，大多過著居無定所的「頭陀禪」生活；禪宗叢林的發端，是自四祖道信「雙峰山」建寺為始，寺中有五百人；五祖弘忍法門大開，在馮茂山立「東山寺」；六祖惠能弘化宣法所居寺院皆屬官方敕修，惠能法嗣南嶽懷讓在湖南建有觀音院一處。禪宗叢林的廣建，首推馬祖道一，除了福建建陽佛跡嶺道場之外，江西至今仍然保存或有遺跡可考的相關道場遺址有二十八處。

唐代對於僧眾的管理，是由官方設立僧籍，僧尼受戒後給予度牒並禁止私度；禪僧們大多住在律寺，或居於巖穴之中。多數禪僧所住的律寺裡，亦有義學、律學等僧侶，彼此修行方式並不相同，難免會產生齟齬。是以百丈懷海繼承師志，在叢林道場之中制定僧團必須遵守的儀規，此為禪宗清規之始，故有「馬祖建叢林，百丈立清規」的美稱。

然而，在考察與記述百丈懷海禪師生平時，最令人遺憾的是「百丈清規」（世稱「古清規」）已亡佚，以至於百丈懷海是否創建清規，在學術上有諸多不同的看法與討論。本書僅能透過禪籍中百丈懷海相關語錄、楊億〈古清規序〉，以及部分史料，於力所能及之處，介紹「古清規」僅存之片面內容。

除了清規之外，百丈懷海對於學人與後世的影響，也展現在生動的語錄之中。本書收錄大量的對話和公案，從馬祖道一如何開示懷海，到懷海開山後啟迪弟子，接著是懷海法嗣與再傳弟子的應答；種種機鋒妙對，可以看出禪宗語言變化的妙用。本書通過淺白的方式進行解說，並將禪師思想義理的可讀性與特殊性予以詮釋，期待能幫助讀者一同解悟禪意。

筆者在解說佛教義理方面的訓練，得力於恩師蔡耀明教授對於筆者的教導。筆者在碩、博士階段均授業於蔡耀明教授，受其影響甚深。今年（二〇二三年）二月五日，蔡教授出家為僧，法號心傳。聞知此消息時不僅感到震驚，更是由衷敬佩蔡教授的精進。蔡教授在以往的授業過程特別注重佛教義理的疏解與哲理的思辨；而今接受寺院戒律規範，過著與世俗不同的嚴謹生活，想來亦是與百丈大師之重視清規有著異曲同工之妙。

支持筆者完成這本《百丈懷海》的近因，除了主編賴志銘博士持續給予專業的編輯建議，以及南開大學哲學院趙文教授以豐富的學識為本書作序之外，尚有內人與家中兩隻博美犬龍龍與寶吉，在家人陪伴與支持下，本書才能順利問世。遺憾的是，在去年（二〇二二年）出版《達摩祖師——漢傳禪宗初祖》後不久，六月初寶吉即因心因性肺積水而離世，龍龍又在八月時因髖骨手術過程麻醉過敏而導致癱瘓。雖然二犬相繼出狀況，但是寶吉走得安詳，而龍龍在經過一年多的照料之下，已經在逐漸康復之中；或許也是此一功德迴向給了二犬，才能在相對困難的處境中得到安寧與平復。

這一年多來在面對困難時，讀到高僧祖師們弘法的艱辛，彷彿是一種對於生命苦難情境的共鳴，使我較有力量面對這些痛苦。佛教歷代高僧之於後人的意義，不僅是知識、佛法的傳承，更是生命經驗的分享與點撥，在因緣具足的情況下，使人有感於此而受到啟發。

祝願所有接觸過佛教高僧行誼與瀏覽過本書的讀者，均能因此度過生命困境，走向光明未來。

【本書編輯序】

秋霜烈日：嚴峻的禪宗修行

——賴志銘（國立中央大學哲學博士）

師曰：「諸佛無上妙理，曠劫精勤，難行能行，非忍而忍；豈以小德小智，輕心慢心，欲冀真乘，徒勞勤苦？」

光聞師誨勵，潛取利刀自斷左臂，置於師前。

師知是法器，乃曰：「諸佛最初求道，為法忘形；汝今斷臂吾前，求亦可在。」師遂因與易名，曰：「慧可」。

以上這段出自《景德傳燈錄》的文字，便是中國禪宗二祖慧可好不容易被初祖達摩收入門下的記載。慧可當時已是「遍學大小乘義」、且有著「終日宴坐（禪坐）」八年功力的高僧，卻仍未能安住此心，才會不惜自斷一臂，只為證悟佛法真義。

之所以先提出這段禪宗史，是想澄清時下一般人對「禪宗」的印象：禪宗之「禪」，並不等於正念靜坐，也不是「拈花微笑」、「喫茶去」等玄之又玄的公案，更「不只」是講究古樸、脫俗、靜寂、清風明月等所謂的「禪宗美學」、「禪宗意境」之流——我稱之為「文青禪」。

就如達摩所言，「諸佛無上妙理」是在於「難行能行，非忍而忍」，豈能以「小德小智，輕心慢心」，便想證入佛法真諦！也因此，達摩除了「無有分別，寂然無為」的「理入」之外，更要求「行入」：報冤行、隨緣行、無所求行、稱法行，每個念頭、任一舉止，都須觀照、警醒。

簡言之，禪宗的修行，乃是如嚴寒秋霜及炎夏烈日般對身心的峻烈錘鍊；

並非苦行，而是對自己身心、言行狀態的嚴格要求；棒喝茶餅笑怒等機鋒，皆只是禪師當下應機的點撥罷了。就算談不上「脫胎換骨」，也得轉變習氣；若只是如世俗化禪修那般尋求心情平靜，當然動輒被「一屁打過江」！

無怪乎，唐代長沙景岑禪師（南泉普願法嗣，西元七八八至八六八年）會說：「我若一向舉揚宗教，法堂前須草深一丈。」為何會「草深一丈」？因為，真要以禪宗的嚴格要求（舉揚宗教）教人，就沒人敢進入禪堂修習了！

再舉一例。《五燈會元》記載，與百丈懷海「同梯」的藥山惟儼禪師（石頭希遷法嗣，西元七五一至八三四年），某次以一句「雲在青天水在瓶」指點唐代知名學者李翱（西元七七四至八三六年，著〈復性書〉，對宋代理學影響頗鉅）而有所悟，李翱便做偈云：

煉得身形似鶴形，千株松下兩函經。
我來問道無餘說，雲在青天水在瓶。

藥山又指點他，「欲得保任此事，直須向高高山頂立、深深海底行；閨閣中物捨不得，便為滲漏。」意即，若要保持住悟境、繼續修持，就算見解高超，但行持須平實而沉潛；內心中有任何欲望執著難以放下，便會有所滲漏而退轉。

至南宋，居士張商英（西元一〇四三至一一二二年）便對此則公案作了首頌古：

雲在青天水在瓶，眼光隨指落深坑；
溪花不耐風霜苦，說甚深深海底行。

偈中之意，顯然認為李翺的悟境有限，其實眼光早就隨著藥山禪師的手指指上（青天）、指下（瓶）而落到了深坑。張商英更指出，李翺就如溪畔生長的野花，根本耐不住風寒霜凍，哪裡有過深入的修持？即使有所悟，也只是淺層的悟境罷了。真正證悟、徹悟佛性者，大都歷經艱辛，如本書中提及的黃檗禪師云：

塵勞迥脫事非常，緊把繩頭做一場；
不是一番寒徹骨，爭得梅花撲鼻香。

《五燈會元》還記載著一則關於雲門文偃禪師（西元八六四至九四九年）的故事，他可是付出了一隻腳的代價才開悟的。某天，大概認為自己頗有修為的尚書陳操，見到雲門便追問其佛法真諦，卻被雲門反問到說不話來。雲門便對他說：

尚書且莫草草（輕率）。三經五論師僧拋却，特入叢林，十年、二十年，尚不奈何（尚未大澈大悟），尚書又爭得會？

陳操這才了解自己的膚淺，連忙向雲門謝罪。陳操的顯擺，不是正如某些口頭禪、「文青禪」的自以為？

為何百丈禪師要訂立清規？正由於在叢林（團體）中更需要遵守某些規則，才能更專心致志地修行。本書提及的諸多公案固然精彩，但那只是點向明月的手指；讀者或能從本書對於百丈清規的說明開始，深刻了解：精實修行，耐得住秋霜烈日般的身心鍛鍊與外境考驗，才是真正的禪宗宗風！

目錄

示現

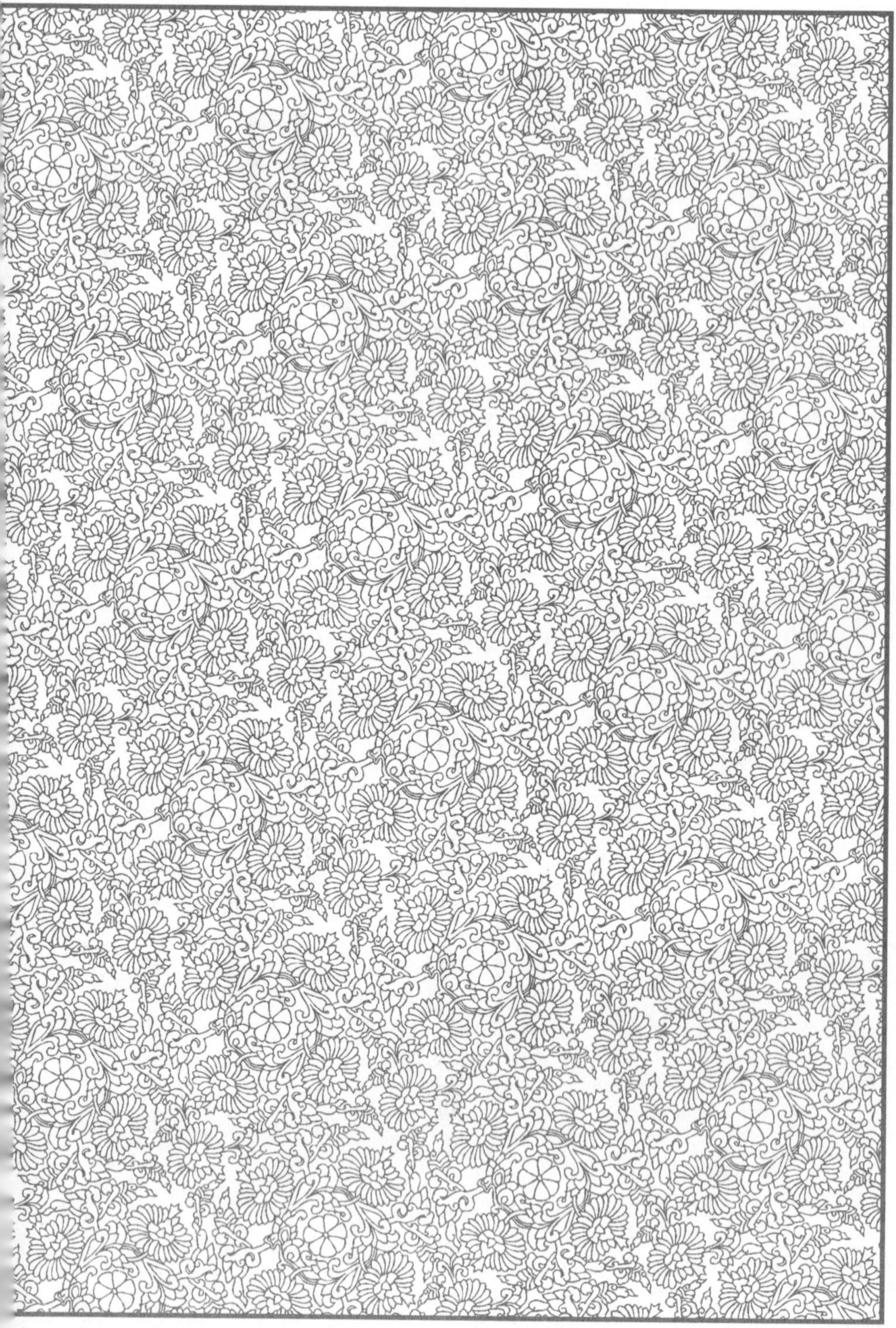

示現

第一章　少離朽宅，長遊頓門

童年之時，隨母親入寺禮佛，指尊像問母：「此是何物？」母云：「此是佛。」子云：「形容似人，不異於我，後亦當作焉。」

福建長樂（今福建省福州市長樂區）位於閩江口南岸，地處長江口及珠江口海岸線的中央。長樂別名「吳航」，此名的由來是源自長樂古港口——吳航頭，這是一處內河港，相傳三國時期東吳國君孫浩曾派人在此造船屯兵，因而得名。

禪師故鄉，福建古城

「吳航」地名的緣由與造船航海有密切的關係，例如《閩都記（註一）》．卷二十六》說：「太平港，在縣西隅，今水次吳航頭是也。《閩中記》云：『吳王夫差，嘗略地至此，作戰艦，稱吳航云。』國朝（明朝）永樂十一年，太監鄭和通西洋，造舟於此，奏改今名。」

《閩都記》介紹「太平港」時，援引《閩中記》（今已亡佚）的記載指出，春秋時期吳王夫差曾於此地製作戰艦，故稱「吳航」。明代鄭和通西洋時在這裡修造船舶，奏請將「吳航頭」改為「太平港」，足見其地理位置之重要。

據《長樂市志》的記載，此地遠自新石器時代就有人類生活。幾經歷史變遷，於唐代置縣。《舊唐書》說：「武德六年，分閩縣置新寧縣。其年，改為長樂。」亦即唐高祖武德六年（西元六二三年），劃分閩縣（約今福建省福州市區及部分閩侯縣），並析出新的區域，定縣名為「新寧」，同年又改為「長樂」。

這座造船、航海、通商的重要古城，就是百丈懷海禪師的故鄉。

幼時立志：「我後亦當作佛」

根據陳詡（註二）〈唐洪州百丈山故懷海禪師塔銘〉（下稱〈懷海塔銘〉）云：「（懷海）大師，太原王氏，遠祖以永嘉喪亂，徙於閩隅。」此段指出，懷海禪師俗姓王，祖籍山西太原，遠祖因為永嘉之亂（註三）而南渡，遷徙福建。除了〈懷海塔銘〉，《五燈會元》及《天聖廣燈錄》（註四）皆記載禪師俗姓「王」，《祖堂集》則說：「師諱懷海，福州長樂縣人也，姓黃。」

禪師的生年亦有二說，贊寧《宋高僧傳》曰：「（懷海）以元和九年（西元八一四年）甲午歲正月十七日歸寂，享年九十五矣。」由此回推可知，贊寧認為懷海禪師出生在開元八年（西元七二〇年），《天聖廣燈錄》及《景德

《傳燈錄》沿用其說。〈懷海塔銘〉則說：「（懷海）元和九年正月十七日，證滅於禪床，報齡六十六。」此處將百丈懷海的生年定在天寶八年（西元七四九年）。

由於陳詡與懷海都是唐朝人，所處年代較為接近，故本書採用〈懷海塔銘〉的說法，將百丈懷海生年定為唐玄宗天寶八年。

《祖堂集》記載了懷海的出家因緣。他在幼年時期一次和母親到佛寺參拜，看到莊嚴的佛像因而發願：

童年之時，隨母親入寺禮佛，指尊像問母：「此是何物？」母云：「此是佛。」子云：「形容似人，不異於我，後亦當作焉。」

小懷海指著佛像問母親：「這是什麼東西呢？」母親說：「這是佛陀。」懷海接著說：「佛陀的容貌看起來就和人一樣的呀！和我的模樣也沒有什麼差別嘛！我以後也要成佛。」「形容似人，不異與我」意指佛既以人的形象顯現，則與同身為人的小懷海無甚差別；接著帶出「後亦當作焉」，表示自己發願成佛即有可能，也隱含著人人均有成佛的可能之義。小懷海童言童語，正好契合了「一切眾生皆有佛性」的內涵；任何人都有成佛的可能，不因年齡大小而有差別。

懷海從兒時就與佛教結緣，發願說出「後亦當作佛」，在年紀很小的時候便喜歡到寺院訪遊，是以《宋高僧傳》說他：「少離朽宅，長遊頓門。」「朽宅」的「朽」意指會腐壞、磨滅，「朽宅」即借指一般的世間生活。世人因為尚未覺悟，身體與世俗的享樂均盈不可久，終將朽壞、解散，故稱為「朽宅」。「頓門」字面意義則是指「頓悟之門」，用來指稱頓悟之後所過的生活與境界；在頓門中通達理解世間生活的虛幻不實，而不再為痛苦、煩惱所擾。

《五燈會元》和《天聖廣燈錄》直接說懷海：「丱歲離塵，三學該練。」「丱歲」是幼年的意思，或可推測懷海年幼時便脫離世俗，在寺院做個小沙彌或僧童，長年的佛門生活使他精通佛教戒、定、慧（註五）三學；這些學養，想必對於後來百丈清規的創立，奠定相當的基礎。

懷海大約是在十九歲到二十歲左右出家。〈懷海塔銘〉說他：「落髮於西山慧照和尚，進具於衡山法朝律師。」

慧照法師或稱「惠照」、「神照」，生卒年不詳。關於慧照的生平事蹟，《潮陽縣誌》是這樣說的：「惠照者，本邑人，高僧大顛之師，而曹溪（六祖惠能）之派也。舊亡里氏，唐大曆初歸自曹溪，深契南宗之旨，常棲止西山，精持戒律，有詩名，士林重焉。其時又有澧州藥山釋曰惟儼者，亦以童年妙語度嶺入潮，與大顛共受心印於惠照。」其稱慧照禪師出自南宗法脈，有弟子大顛和尚（註六）及藥山惟儼（註七）。

除此之外，據《景德傳燈錄》記載，南嶽懷讓有法嗣九人（註八），其中的「潮州神照禪師」指的正是慧照。

懷海依西山寺慧照法師剃度，又在南嶽衡山法朝律師座下受具足戒。「進具」是進一步受具足戒之意。具足戒是指出家者應遵行與接受的戒律，受戒後才能正式成為僧團成員。〈懷海塔銘〉又提到「元和九年正月十七日，證滅於禪床，報齡六十六，僧臘四十七。」「僧臘」意指出家人受具足戒後的年數；依「僧臘四十七」分析，懷海大約是唐代宗大曆三年（西元七六八年）正式成為比丘。

至於「法朝律師」的生平事蹟，在相關禪史中未見記載。有人認為，「法朝律師」或為「希操律師」。例如，學者謝重光於所著《百丈懷海禪師》指出：「唐中葉衡山作為南方毗尼中心，律學大盛，名家輩出。……頗疑法朝律師就是希操律師……希操之名，在不同文獻中，或作希操，或作『希澡』，或作『希琛』。寫法不同，或因音近、或因形似而致誤。『法操』也可能是『希操』的別名。」其並從幾位從希操受具的著名僧人來進行分析，例如與果神湊、丹霞天然、藥山惟儼等人，皆是先在希操處受具戒，爾後去參謁馬祖道一或石頭希遷。這些參學求法的經歷，皆與懷海十分相似。

豈惟心證？深入經藏

正式出家後，懷海禪師嘆道：「將滌妄源，必游法海；豈惟心證，亦假言詮。」（〈懷海塔銘〉）禪師表示，想要洗滌妄心煩惱，必須要依靠廣大無邊的佛法之海；想要證明法義，又怎麼能只靠自心印證呢？應該也需要藉由語言文字的施設，才能將佛法清楚地說明。

懷海「豈惟心證，亦假言詮」的觀點，是否和禪宗「不立文字，直指人心」相悖呢？事實上，禪宗並非要人徹底廢除語言文字；而是認為，過於依賴文字，反而會執著於文字的表象，誤以為文字所表示的就是佛法的全部內容。或可理解為，或能運用文字在一定限度上盡可能地表達佛法義理，真正的內涵則無法僅憑有限的語言文字即可詮釋和理解。

是以六祖惠能（註九）曾說：

> 心迷《法華》轉，心悟轉《法華》；誦經久不明，與義作讎家；
>
> 無念念即正，有念念成邪；有無俱不計，長御白牛車。（註一〇）

此偈意指，心如果還是迷惘困惑，則會陷於語言文字的表象而不自知；心若通達了悟佛法，則可以自在地運用文字闡述佛法。因此，讀誦佛經許久若仍不能理解經義，則恐會誤解、誤判經義，就有如經義的仇家。回過頭去審視自己的內心，不被執著妄念所干擾，才是正念；不斷生起妄念而不能自制，則生起來的都是邪念。一旦達到有義無義、有念無念都消泯，就像長久駕馭清淨無染的大白牛車一般。

這也如同《楞伽經》（註一一）所言：

隨宜方便，廣說經法，以眾生希望、煩惱不一故，我及諸佛為彼種種異解眾生而說諸法，令離心、意、意識故，不為得自覺聖智處。

經文指出，佛說之經典是隨順方便所說；因為，面對期望、煩惱等背景皆不相同的眾生，諸佛菩薩仍是要通過文字為眾生講說佛法，才能使眾生遠離心、意、識的煩惱，而不是因為透過文字講說便能證得超越文字的智慧（「自覺聖智」是指超越一切對立、分別的智慧，包括語言文字的分別）。

由此可知，語言文字仍有一定的功效；只是，究竟而言，應拋開其限制，而直接以心證悟佛法的內容。

從「豈惟心證，亦假言詮」可知，未悟的懷海自覺不足，於是決定前往浮槎寺閱藏。

翻山越嶺到了廬江郡，懷海來到俗稱「安徽北九華」的浮槎山；此處山勢險峻，層層疊疊，有千姿百態的怪石。浮槎寺位於此山之中，大約是現在安徽省肥東縣內。

浮槎寺又名「道林寺」，《大明一統名勝志》記載：「浮槎山有道林寺，寺有碑略云：『梁武帝第五女夢入一山為尼，早晨奏帝，乃取名山圖，展觀此山，恍如夢境。天監三年（西元五〇四年）敕建，道林寺成，帝女遂入山為尼，號總持大師。』」梁武帝的第五個女兒夢見自己到山中出家為尼，隔天早上便把夢境告訴武帝，又拿來名山圖，看到浮槎山，彷彿就是夢境所見；於是皇家下令興造寺院；道林寺在天監三年建成，帝女便在這裡出家修行，稱為「尼總持」（註一二）。

懷海「詣廬江，閱浮槎經藏，不窺庭宇者積年。」（〈懷海塔銘〉）他在浮槎寺潛心閱讀經藏，深入浩瀚佛法；綜觀各部佛經要義後，必定對他日後清規的制定和叢林的改革，起到一定程度上的影響。

【註釋】

註一：《閩都記》為明代王應山（西元一五三一年生，卒年不詳）編纂，計三十三卷，詳盡記錄閩都（福建省）歷史、山川、古蹟與風土民情。著名版本有求放心齋藏版，存於哈佛燕京圖書館。

註二：陳詡，詡字或作「翊」，唐朝官員，生卒年不詳。《新唐書．藝文志》載有：「《陳詡集》十卷，字載物，福州閩縣人，貞元戶部郎中，知制誥。」

註三：「永嘉之亂」或稱「永嘉之禍」，發生於西晉永嘉五年（西元三一一年），匈奴攻陷洛陽，俘虜晉懷帝司馬熾；永嘉十年（西元三一六年），匈奴又攻陷長安，俘虜晉愍帝司馬鄴，西晉滅亡。後司馬睿率領中原士族南逃，定都建康（今江蘇省南京市），史稱「衣冠南渡」，衣冠象徵文明禮教。

註四：《天聖廣燈錄》凡三十卷，宋代李遵勗（生年不詳至一〇三八年）編，收錄在《卍續藏》第一三五冊、《禪宗全書》第五冊。全書撰述方式大抵承襲《景德傳燈錄》，記載釋迦牟尼佛及西天二十七位祖師、東土初祖菩提達摩至六祖惠能事蹟及弘化情形；除此之外，並收錄六祖之後南宗禪師行誼，錄至宋仁宗天聖年間（西元一〇二三至一〇三一年）諸師。

註五：「戒、定、慧」又稱為「三勝學」，是佛教實踐綱領，為學佛者所必修。

（一）增戒學：又作戒學、增上戒學。「戒」可修善，並防止身、口、意所作之惡業。

（二）增心學：又作定學、增意學、增上意學、增上心學。「定」可攝散澄神、屏除雜念、見性悟道。

（三）增慧學：又作慧學、增上慧學。「慧」能顯法本性，斷除煩惱，見諸佛實相。

由戒能生定，由定而發慧，故《菩薩地持經．卷十》，以「六度」配「三學」：「布施、持戒、忍辱、精進」等四波羅蜜為「戒學」，禪波羅蜜為「定學」，般若波羅蜜為「慧學」，一切法門盡攝於此。

註六：大顛和尚（西元七三二至八二四年）即大顛寶通。唐代僧人，潁川人，俗姓陳（一說楊），法號寶通，自號大顛和尚。大顛依慧照禪師出家，後至南嶽拜謁石頭希遷。貞元七年（西元七九一年），於潮州創建靈山禪院，弘揚曹溪禪風，相傳出入皆有猛虎相隨，門下弟子多達千餘人。韓愈因作〈諫迎佛骨表〉貶謫潮州，曾與大顛來往。長慶四年（西元八二四年）示寂，世壽九十三。大顛圓寂後，在靈山寺建有「大顛祖師塔」。相傳唐朝末年有人開塔，發現大顛的骨骼皆化盡，只有舌根猶存如生，於是將之埋葬，稱為「瘞舌塚」。到了宋太宗至道年間，又有鄉人重新開挖墓塔，見到一面鏡子，於是疊石藏之，稱為「舌鏡塔」。

大顛著有《般若波羅蜜多心經》及《金剛經釋義》；另親自抄寫《金剛經》一千五百部、《法華經》、《維摩詰經》各三十部。

註七：藥山惟儼（西元七五一至八三四年），唐代僧人，山西絳州人，俗姓韓。年十七歲依西山慧照出家，又依衡山希澡（操）受具足戒。《景德傳燈錄》記載，惟儼曾說：「大丈夫當離法自淨，豈能屑屑事細行於布巾耶！」於是參石頭希遷，密領玄旨；次謁馬祖道一，侍奉三年，契悟道一之法要；爾後又歸石頭希遷，成為法嗣。

貞元年間，惟儼大振宗風，於澧州藥山弘法。太和八年（西元八三四年，一說太和二年〔西元八二八年〕）十二月示寂，敕謚「弘道大師」。

惟儼著名弟子有雲巖曇晟、道吾宗智、船子德誠等人；其中，雲巖曇晟弟子洞山良价創「曹洞宗」。

註八：南嶽懷讓（西元六七七至七四四年），唐代僧人，金州安康人（今陝西省安康市），俗姓杜氏。

懷讓十歲便喜讀佛經，十五歲於荊州玉泉寺弘景律師座下出家，後來拜謁嵩山安國師（慧安禪師，又稱道安、老安），在慧安的指點下前往曹溪參禮惠能。

懷讓侍奉惠能十五年之久，後到南嶽弘法，開南嶽一系，世稱「南嶽懷讓」與「青原行思」同為惠能之下重要兩大支派。

《壇經》記載惠能引般若多羅尊者讖語告訴懷讓：「汝足下出一馬駒，踏殺天下人。」馬祖道一正是懷讓禪師法嗣。

懷讓於唐玄宗天寶三年（西元七四四年）示寂，世壽六十八。唐敬宗時，追謚「大慧禪師」。弟子編有《南嶽大慧禪師語錄》。

《景德傳燈錄》記載南嶽懷讓有法嗣九人：江西道一禪師、南嶽常浩禪師、智達禪師、坦然禪師、潮州神照禪師、揚州大明寺嚴峻禪師、新羅國本如禪師、玄晟禪師、東霧山法空禪師。

註九：惠能（西元六三八至七一三年），或稱慧能（「惠」與「慧」在唐代通用），為禪宗六祖。俗姓盧，祖籍河北范揚，父親盧行瑫獲罪貶官嶺南新州。三歲喪父，家貧以砍柴維生，不識文字。年二十四至黃梅參禮弘忍，得五祖密受心印，衣缽南下，後避難於獵人隊潛藏。乾封二年（西元六六七年）於法性寺剃度、受具足戒。

惠能被視為中國禪宗史上重要開創者，其教化方式為隨境說法、直指人心，於曹溪宣揚「不立文字、見性成佛」的頓悟法門。其思想將般若智慧與空觀融會貫通，藉此打通所有的修行方法，強調「定慧一體」、「一行三昧」，並善於運用淺顯易懂、近乎口語的文字，使受眾能夠心領神會。

惠能所傳頓教法門在唐代達到「凡言禪皆本曹溪」的盛況，其身後更蓬勃發展，出現「一花開五葉」的南禪五家（溈仰、臨濟、曹洞、法眼、雲門），對中國佛教、思想、文化有重大而深遠的影響。

註一〇：《法華經·譬喻品》中，佛以譬喻說法，先用羊、鹿、牛三車（三乘法）來引導三乘根器之人，使其出離三界；後以平等的大白牛車挽車，共成佛道。

（一）羊車：以羊引車，像羊兒一樣奔跑，不回頭看顧其他羊群。用來比喻聲聞乘修行者，其修四諦（苦諦、集諦、滅諦、道諦）行以求出離三界，不顧他人、只求自度。

（二）鹿車：以鹿挽車，如鹿一般疾馳，會回頭看顧其他後群。用來比喻緣覺乘之人，其修十二因緣（一無明、二行、三識、四名色、五六入、六觸、七受、八愛、九取、十有、十一生、十二老死）以求出離三界，稍微有為他之心。

（三）牛車：以牛拉車，如牛隻可負重前行，安忍普運一切。用來比喻修行三藏教（經藏、律藏、論藏）的菩薩乘行者，其修六度行（一布施、二持戒、三忍辱、四精進、五禪定、六智慧），欲度眾生出三界。

關於三車、四車的解釋有兩種說法。其一為將比喻菩薩乘的牛車、與比喻一乘的大白牛車視為同一者，如法相宗、三論宗。另一派則立白牛車用以比喻一佛乘，如華嚴宗、天台宗。

註一一：《楞伽經》全稱《楞伽阿跋多羅寶經》，梵名 Lavkāvatāra-sūtra，大乘佛教典籍，早期禪宗「不立文字」的精神正源於此。菩提達摩以四卷本《楞伽經》傳付慧可，二祖慧可亦以本經傳授門下，至五祖弘忍皆弘傳此經。四祖道信以《文殊說般若經》結合《楞伽經》授徒，至五祖弘忍以《金剛經》作為傳法核心，但仍重視《楞伽經》。

《楞伽經》主要內容為佛開示的「五法」、「三自性」、「八識」和「二種無我」。漢譯本今存有三：南朝宋求那跋陀羅譯的《楞伽阿跋多羅寶經》共四卷，又名《四卷楞伽》。北魏菩提流支（生卒年不詳）譯的《入楞伽經》，共十卷，又名《十卷楞伽》。唐朝實叉難陀（西元六五二至七一〇年）譯的《大乘入楞伽經》，共七卷，又名《七卷楞伽》。

註一二：尼總持（生卒年不詳），南北朝比丘尼，為梁武帝之女。《祖庭事苑．卷八》云：「總持，號也；諱明練，梁武（帝）之女；事達磨為弟子，悟道示滅。塔云少林五里許，事具褚詢望所寫塔碑。」

道副、尼總持、道育與慧可並稱為達摩「門下四神足」。《景德傳燈錄》記載，達摩以「皮、肉、骨、髓」為喻，代表對弟子們的不同印可，原文如下：

時有道副對曰：「如我所見，不執文字，不離文字，而為道用。」師曰：「汝得吾皮。」尼總持曰：「我今所解，如慶喜見阿閦佛國，一見更不再見。」師曰：「汝得吾肉。」道育曰：「四大本空；五陰非有；而我見處，無一法可得。」師曰：「汝得吾骨。」最後，慧可禮拜後，依位而立。師曰：「汝得吾髓。」

第二章 「青原行思」和「南嶽懷讓」禪系

江西主大寂，湖南主石頭，往來憧憧，不見二大士，為無知矣！

日本學者阿部肇一在所著《中國禪宗史》中曾提一看法，點出了百丈禪師眼光之遠大：

百丈懷海所構想的禪世界，對象不止是他本門僧團或其法系，另外亦設想過其他如石頭藥山系統等法脈，或許更進一步考慮到當時南宗禪社會的教化計畫，以及發展策略之間的諸般問題。

在介紹百丈懷海受馬祖道一的啟導之前，本章先對六祖惠能之下的「青原行思」和「南嶽懷讓」禪系進行簡介；同時梳理青原行思法嗣石頭希遷，以及南嶽懷讓所傳馬祖道一，了解禪宗傳承的源流後，再帶出百丈懷海的承繼與開創性。

青原行思到石頭希遷

中土禪宗五祖弘忍（註一）門下弟子輩出。據《楞伽師資記》記載，弘忍在臨終自述傳法弟子十人，其中以「惠能」和「神秀」影響最深。後世以「南宗」稱呼惠能所傳的曹溪禪，用「北宗」來指稱神秀一系。

曹溪禪的傳播到了中唐成為主流，在惠能所傳的法系中，「青原行思」和「南嶽懷讓」兩大宗脈最為弘盛。惠能圓寂前提到達摩祖師所傳的一首偈詩，其中有「一花開五葉」（註二）之說，宗寶本《六祖壇經．付囑品》是這樣說的：「吾本來茲土，傳法救迷情；一華（花）開五葉，結果自然成。」被認為是用來指稱禪宗的五個宗派，即曹洞宗、雲門宗、法眼宗（以上出自青原行思）、溈仰宗和臨濟宗（以上出自南嶽懷讓，臨濟宗之下又分黃龍派與楊岐派）。足見行思與懷讓的重要性。

聖諦亦不為：青原行思

行思禪師俗姓劉，生年不詳，出生於吉州安城（今江西省吉安市），相傳是漢朝長沙王的後代，《祖堂集》記為「靖居和尚，諱行思」。由於在故鄉吉州青原山靜居寺弘法，故稱為「青原行思」。

《宋高僧傳》記載行思禪師：「濡潤厥躬，貞諒其性；出塵之後，納戒已還，破觚求圓，斲雕為朴，厥志天然也。」這段是說，行思禪師出家之前性格忠正誠信，受戒後去除俗世的稜角，更為天然質樸。《景德傳燈錄》則說他年幼出家，個性靜默；每當大家群居論道時，他總是安靜聆聽，不特別參與討論。後來聽聞惠能在曹溪弘法，於是前往參禮。

行思初見惠能時，已能契入佛心，泯滅凡聖，讓惠能大師十分器重。宗寶本《壇經》記載師徒二人對於學習佛法的討論，即是後世廣傳的公案——「聖諦亦不為」。其原文如下：

（行思）遂問曰：「當何所務，即不落階級？」

師（惠能）曰：「汝曾作甚麼來？」

（行思）曰：「聖諦亦不為。」

師（惠能）曰：「落何階級？」

（行思）曰：「聖諦尚不為，何階級之有？」

師（惠能）深器之，令思首眾。一日，師（惠能）謂曰：「汝當分化一方，無令斷絕。」

行思禪師初見惠能時，便逕直請教：「應當要做什麼樣的修行，才可以不經過漸修的階位，直接頓悟成佛呢？」

惠能問他：「你曾修習過哪些佛法？」

行思說：「證成佛道的諸聖諦（修行法門）我都沒有修習過。」（「聖諦亦不為」）

惠能又問：「你目前修行佛法，到了哪一個階次了呢？」

行思回答：「我連諸聖諦都沒有修習過，又怎麼會有什麼階級層次可言呢？」（「聖諦尚不為，何階級之有」）

惠能與行思的對話雖短，卻相當扼要與精煉；學習佛法不在於長篇大論，而在於先悟得根本之處。行思遠離了分別知見上的高低位階，領悟佛性本來面目，泯除俗聖分別，即能契入佛心。經過這番應答之後，惠能非常器重行思，對其委以重任，要他行化一方，無令佛種或法脈斷絕。

《景德傳燈錄》則將行思比為二祖慧可，並記述惠能傳法不傳衣：

師（行思）居首焉，亦猶二祖不言，少林（即達摩祖師）謂之得髓矣。一日，祖（六祖惠能）謂師（行思）曰：「從上衣、法雙行，師資遞授；衣以表信，法乃印心；吾今得人，何患不信。吾受衣以來，遭此多難；況乎後代，爭競必多。衣即留鎮山門，汝當分化一方，無令斷絕。」師既得法。歸住青原。

行思得法之後，回到青原山宣法，參學者紛至沓來，《宋高僧傳》說「四方禪客，繁擁其堂」；然而，歷代文獻對於行思禪師的相關紀錄並不多。《祖堂集》載有行思與僧人的問答，呈現「答非所問」的活潑點化。其云：

僧問：「如何是佛法大意？」

師（行思）曰：「盧陵米作麼價？」

有僧人問行思：「佛法大意是什麼呢？」行思說：「盧陵現在米糧價格多少？」行思禪師看似答非所問，明知僧人問的是佛法，卻反問對方「盧陵米價」；事實上，行思要傳達的是，真正的佛法無處不在，也包含在日常生活中；即使是看似瑣碎如米的價格這樣的小事，也可以觀察到佛法的深意。

禪籍中亦有惠能弟子神會（註三）參禮行思的記載。《祖堂集》云：

師（行思）問神會：「汝從何方而來？」對曰：「從曹溪來。」

師曰：「將得何物來？」（神）會遂振身而示。

師曰：「猶持瓦礫在。」會曰：「和尚此間莫有真金與人不？」

師曰：「設使有，與汝向什麼處著？」

《景德傳燈錄》的記載雖較為簡短，但意義相近：

荷澤神會來參，師（行思）問曰：「甚麼處來？」會曰：「曹谿。」

師曰：「曹谿意旨如何？」會振身而立。師曰：「猶帶瓦礫在。」

行思問神會從什麼地方來，神會回答「曹溪」，亦即表示自己是出自惠能門下；行思接著問他從曹溪帶來了什麼，神會便振身而立，想要證明自己的修為；於是行思說：「你身上還帶著一些碎掉的磚瓦啊！」神會反問：「和尚這裡難道沒有真金可以給人嗎？」行思說：「假使有真金，你要從什麼地方拿？」

這裡的「瓦礫」比喻沒有用處的東西；行思看到神會仍執著於身見，所以說他猶帶瓦礫。神會想要問難行思，故意以「真金」譬喻佛法，反問行思這裡是否有「真金」可以給人，暗示行思這裡沒有如真金般珍貴的佛法；然而，行思直接不回答有或沒有，而是反問神會，假使有真金的話，要從何處取得？行思這是在暗示神會，如果心中還有「瓦礫」與「真金」的區分，便落入兩種觀念對立的窠臼中，就表示還沒有真正契悟佛法真義。

行思禪師卒於開元二十八年（西元七四〇年），唐僖宗敕諡「弘濟」（宋朝時為避諱太祖趙匡胤之父宣祖趙弘殷，故改為「洪濟」），塔曰「歸真」。其後所傳弟子，以石頭希遷最為著名。

石頭路滑：石頭希遷

青原行思所傳弟子最著名的是希遷（西元七〇〇至七九〇年）。希遷俗姓陳，為端州高要（今廣東省肇慶市下轄高要市）人。據《宋高僧傳》所載：

母方懷孕，不喜葷血。及生岐嶷，雖在孩提，不煩保母。既冠，然諾自許，未嘗以氣色忤人。其鄉洞獠，民畏鬼神，多淫祀，率以牛酒，祚作聖望。遷輒往毀叢祠，奪牛而歸，數盈數十，鄉老不能禁其理焉。

希遷的母親在懷他的時候便不喜歡吃葷腥食物。有別於一般孩童的調皮幼稚，他從小就懂得不讓母親勞累。長大後的希遷守信重諾，性格平穩，從不給人不好的臉色看。他非常反對鄉里妄濫祭祀的陋習，每逢鄉民殺牛置酒祭祀之時，會前往制止並搶救牛隻，一年中救回了數十頭牛。或許是因為希遷平素「未嘗以氣色忤人」，父老鄉親們面對希遷破除習俗的舉動也無可奈何。

從幼年到少年的特殊行跡，便可看出希遷的早慧與悟性。後來他到曹溪向惠能求法，《宋高僧傳》記載二人之間相會的趣事：

聞大鑒禪師（惠能）南來，學心相踵，遷乃直往。大鑒銜然持其手，且戲之曰：「苟為我弟子，當肖遷。」逌爾而笑曰：「諾。」既而靈機一發，廓若初霽。

希遷聽聞六祖惠能在南方傳授頓教法門，便前往求法。惠能見到希遷時，和悅地牽起他的手，打趣地說：「做我弟子的，應該要像希遷這樣的人啊！」希遷也笑著回應，接著便「靈機一發，廓若初霽」而有所領悟。此時的希遷還是個尚未受具足戒的少年。

《景德傳燈錄》和《五燈會元》都說希遷在惠能門下「得度，未具戒」；而根據《宋高僧傳》的說法，希遷是唐玄宗開元十六年（西元七二八年）在羅浮山受具足戒，此時惠能大師已經圓寂。《五燈會元》記載惠能圓寂前曾暗示希遷日後可以前往依止行思：

六祖將示滅，有沙彌希遷問曰：「和尚（惠能）百年後，希遷未審當依附何人？」祖曰：「尋思去！」及祖順世，遷每於靜處端坐，寂若忘生。第一座問曰：「沒師已逝，空坐奚為？」遷曰：「我稟遺誡，故尋思爾。」座曰：「汝有師兄思和尚，今住吉州，汝因緣在彼。師言甚直，汝自迷耳。」遷聞語，便禮辭祖龕，直詣靜居參禮。

此段說明，惠能生前指點希遷要「尋思」，惠能入滅後希遷便常端坐靜思。後來，首座（「第一座」）聽了希遷禪坐的緣由，便直接告訴他，六祖所說的「尋思」，意指要希遷去吉州尋找行思和尚，這才是希遷求法的因緣所在！於是，希遷便前往江西，到靜居寺投師。

《五燈會元》記載了希遷見到行思之後兩人的問答：

師（行思）曰：「子何方來？」遷曰：「曹溪。」

師曰：「將得甚麼來？」（遷）曰：「未到曹溪亦不失。」

師曰：「若恁麼，用去曹溪作甚麼？」（遷）曰：「若不到曹溪，爭知不失？」

行思禪師問希遷是從什麼地方來的，希遷說：「我從曹溪來的！」希遷回答來歷的同時，也說明自己是出自六祖惠能門下。行思接著問：「你從曹溪得到了什麼帶到這裡來呢？」希遷說：「我還沒到曹溪之前，也沒有失去什麼呀！」（「未到曹溪亦不失」）行思又問：「若是這樣，你為何要去曹溪呢？」希遷回答：「如果我沒去曹溪，又怎麼知道自己從未失去呢？」

表面上看起來，師徒二人在討論「得與失」，行思先問希遷得到了些什麼，希遷不正面答覆，而是告訴師父自己「未到曹溪亦不失」；這裡的「不失」，意指本自具有的佛性，自己從來沒有失去過。這也就回答了行思所問：既然沒有失去過佛性，也就不曾得到佛性；至於前往曹溪，是為了透過行思印證人人皆有佛性的道理。

在「未到曹溪亦不失」的應答之後，希遷接著反問行思：

遷又曰：「曹溪大師還識和尚否？」師（行思）曰：「汝今識吾否？」（遷）曰：「識；又爭能識得？」師曰：「眾角雖多，一麟足矣。」

遷又問：「和尚自離曹溪，甚麼時至此間？」師曰：「我卻知汝早晚離曹溪。」（遷）曰：「希遷不從曹溪來。」師曰：「我亦知汝去處也。」（遷）曰：「和尚幸是大人，莫造次。」

希遷反過來詢問行思：「惠能大師認識您嗎？」此處希遷藉由「還識和尚否」詢問並確認行思禪師所傳是否為曹溪之法；畢竟，當初惠能要希遷「尋『思』去」。行思說：「那你現在認識我了嗎？」行思把問題拋回給希遷，要看希遷對此問題的反應，這裡也暗示著詢問兩人關注和渴求的目標（佛法真義）是否相同呢？

希遷說：「我能識得，但又如何能說真的認識呢？」希遷所說的「識，又爭能識得」表達出兩層涵義：首先是希遷已經確定行思是自己要依止的師父，所以說「識」；進一步則是指，真正的修行是要自識本心本性，而不是只認定一個師父作為對象。「又爭能識得」表示，不能只透過行思去認識佛法，佛法的內容遠比任何一位師父都更廣大無邊。從這裡的「爭能」可以進一步看出希遷對佛法的渴慕，期待在行思門下，真實了悟佛法。

希遷的應答讓行思欣然讚歎：「世上有角的動物雖多，但只要有一頭麒麟就足夠了！」麒麟為古代傳說中的神獸，行思禪師藉此比喻來讚許希遷的出類拔萃。

希遷接著又問行思：「師父您從曹溪離開，是什麼時候到這裡（青原山）的呢？」表面上是問行思什麼時候離開曹溪，事實上是在問禪師何時得法；依循前面的問答風格，行思在這裡也不做正面回答，而是對著希遷說：「我知道你早晚都會離開曹溪的！」行思這裡的意思是，他看出希遷的不凡，早晚都會離開曹溪開宗立派，所以說「知汝早晚離曹溪」。

不過希遷卻說：「師父！我不是從曹溪來的！」從表面看來，很像在對行思說反話；事實上，希遷這裡的意思是：我並非從「曹溪」來，而是從「本來」而來；在佛法中，「本來」就是佛性。行思禪師接著說道：「我也知道你將來的去處。」希遷說：「師父您是長輩，可別隨便說話！」行思說知道希遷的「去處」，也是呼應前面「我卻知汝早晚離曹溪」之說，再次暗示希遷未來廣開法門的成就。

又過了幾天，行思禪師再次檢驗希遷，以下的《五燈會元》引文即是接續著前面的應答：

他日，師（行思）復問遷：「汝甚麼處來？」（希遷）曰：「曹溪。」

師乃舉拂子曰：「曹溪還有這個麼？」（遷）曰：「非但曹溪，西天亦無。」

師曰：「子莫曾到西天否？」（遷）曰：「若到，即有也。」

師曰：「未在，更道。」（遷）曰：「和尚也須道取一半，莫全靠學人。」

師曰：「不辭向汝道，恐已後無人承當。」

行思禪師又再次希遷問：「你從什麼地方來的呀？」希遷說：「我從曹溪來！」行思舉起拂塵問他：「曹溪還有這個（指拂塵）嗎？」希遷答：「這東西不但曹溪沒有，西天（指當時的天竺）也沒有！」行思接著問：「莫非你去過西天？」希遷答：「我如果去過西天，那就是有了。」（「若到，即有也」）行思禪師再追問：「不清楚你在說什麼，再說一次吧！」（「未在，更道」）希遷說：「我已經說了一半了，剩下的一半師父您也說說看，不能全靠我說。」行思禪師道：「沒辦法再說得更明白了，怕以後就沒有人可以承擔了。」（「不辭向汝道，恐已後無人承當」）

這段應答中，行思禪師再次問希遷從什麼地方來，同時拿一柄拂塵問他，曹溪還有拂塵嗎？「拂塵」是一種法器，這裡可以理解為佛法的象徵；希遷說曹溪和西天都沒有拂塵，意思是佛法不在那些地方，而是在自己身上。行思接著詰問希遷，既然說西天沒有拂塵，難道希遷曾經去過所以才知道的嗎？希遷的回答十分有智慧：「若到，即有也。」意思是：如果我說到過西天，則似是說佛法存在於西天這個固定的地方，這不就落入「有」的分別了嗎？行思期待希遷再多說一些，希遷反而要師父也講講自己的看法，於是說「和尚也須道取一半，莫全靠學人。」這裡打破了師生的位階。最後行思說「不辭向汝道」，意思是沒辦法接著說下去了，因為他所說的是自己的見解，說了之後恐怕其他人也無法承擔啊！行思的意思是，每個人的修行和領悟，還是要回歸自己本身，不能只依靠承接他人的想法。

從這段對話中可以看出行思對希遷的認可；正是由於希遷已經領悟佛法的真義，所以行思已經無須再用太多的言語教導他，只要自行修證即可。

希遷在唐朝天寶初年前往南嶽傳法。住衡山南寺時，寺院的東方有石狀如臺，他便在石頭上結庵而居，人稱「石頭和尚」，其所傳禪系也因而被稱為「石頭宗」或「石頭禪」。

希遷機鋒簡捷，其宗旨為「即事而真」，提出「觸目是道」的修行方法，認為眼睛所見的一切都契合禪道，十分單刀直入，其禪風則有「石頭路滑」之稱。希遷提倡「即心即佛」，《景德傳燈錄》記載有，一天希遷登堂說法：

> 師（希遷）一日上堂曰：「吾之法門，先佛傳授，不論禪定精進；達佛之知見，即心即佛；心、佛、眾生、菩提、煩惱，名異體一。汝等當知，自己心靈，體離斷常，性非垢淨；湛然圓滿，凡聖齊同；應用無方，離心意識。三界六道，唯自心現；水月鏡像，豈有生滅？汝能知之，無所不備。」

希遷登堂開示：「我所傳授的法門，是依據佛陀的教導，不論禪定的狀況如何都可以學習並實踐；重要的是『達佛之知見』，佛性就是自己的本心本性，本心本性就是佛性。所謂『心』、『佛』、『眾生』、『菩提』、『煩惱』這些名稱不同，但實質上是一樣的。你們要知道，自心是超越斷、常、淨、垢的，佛性是清澈圓滿的，凡夫、聖人都是一樣的；自心不拘一格，於是可以應用在任何地方而沒有固定的方法，是超越一般心、意、識的活動。三界六道的生滅變化，都是自心的顯現；如同水中月、鏡中像，都是因緣起而虛幻不實的，哪裡有什麼生滅呢？你們說能明白這些道理，對於佛法便能無所不備了。」

希遷首先點出，他傳授的禪法不限定於一定的禪定境界才可以學習，而是重視「達佛之知見」，由心去悟得真如本性，也就是佛性（即心即佛）。在《壇經》中亦有記載，法海曾向六祖惠能詢問何謂「即心即佛」，可用來參照理解。

宗寶本《六祖壇經．機緣品》說：「僧法海，韶州曲江人也。初參祖師，問曰：『即心即佛，願垂指諭。』師（惠能）曰：『前念不生即心，後念不滅即佛；成一切相即心，離一切相即佛。』」惠能的意思是說，前面的念頭已經過去，不可再留戀執著使之再生；後面的正念不滅，使之持續，這就是「佛」。

一切物相都是由心所造就的，能不再執取一切世間萬物的表象，讓本心清淨，這也是「佛」。同樣地，希遷告訴弟子們，自性是清淨圓滿的，三界六道都是自心的顯現，如同水月鏡像，虛幻不實；如能明白這些道理並由此修習，就具備了學習佛法的條件。

《景德傳燈錄》記載希遷和弟子道悟的應答，可以看出他直截了當的教導方式：

> 時門人道悟問：「曹谿（溪）意旨誰人得？」
>
> 師（希遷）曰：「會佛法人得。」
>
> （道悟）曰：「師還得否？」師曰：「我不會佛法。」

道悟問說：「曹溪的意旨是誰得到呢？」這裡弟子想詢問六祖惠能所傳的法門，究竟是誰領悟到了？而希遷說：「會佛法的人得到了。」意思是能領略到佛法的人自然是體會到了。道悟接著問：「那師父您得到了嗎？」希遷說：

「我不會佛法。」

為什麼希遷要說自己不會佛法呢？他是在打破弟子的觀念：道悟問師父是否「得到」，表示他將佛法視為一個實際存在的對象；希遷故意說「我不會佛法」，因為佛法不是與我相對的東西，而是領悟世間的道理與修行的成就，只是語言上需要用「得」去表示；但若以為真的得到了某種存在的東西，就是對於佛法的誤解。

禪宗有一則著名公案「長空不礙白雲飛」，也可從中看出希遷的禪法主張。《景德傳燈錄》記載他和道悟的應答：

道悟問：「如何是佛法大意？」師（遷）曰：「不得不知。」

悟曰：「向上更有轉處也無？」師（遷）曰：「長空不礙白雲飛。」

道悟問：「什麼是佛法的要旨大意呢？」希遷說：「佛法大意是不能得到，也無法知道的。」希遷之所以說「不得不知」同樣是因為佛法真諦不是可被認知的對象，無法獲得、也不能宣稱自己像學習知識一樣學習到了佛法；佛法是往自心本性去探求，是透過修行而證悟到的境界。希遷禪師這樣說的目的，是在打斷道悟想向外攀緣之心，以免以為佛法可以像某種可被獲取的事物。

道悟對師父的回答看似有所領悟，卻仍不死心地繼續追問：「在這之上（向上）還有別的可行的開悟之法嗎？」希遷說：「萬里長空不阻礙白雲飛過，也不被白雲所阻礙。」「白雲」即是指開悟之後的境界，亦即心性如同白雲一樣在天空自由自在地飛舞，即便是再高的天空也能不斷往上攀升。希遷藉這個譬喻回答道悟，各種修行的方法可以無限開發，境界也可以無限高妙，端視自己將佛法領悟到什麼程度。

希遷接引學人的方式犀利絕妙，被稱為「石頭路滑」。如《宗鑑法林》（註四）記載：

（隱峯）一日辭祖（馬祖道一）。祖曰：「甚處去？」。師（峯）曰：「石頭去。」祖曰：「石頭路滑。」師（峯）曰：「竿木隨身，逢場作戲。」便去。纔到石頭，便繞禪牀一帀，振錫一下，問：「是何宗旨？」頭（石頭希遷）曰：「蒼天！蒼天！」師（峯）無語。回，舉似馬祖。祖曰：「汝更去，見它（他，指石頭希遷）道『蒼天！蒼天！』便噓兩聲。」師（峯）又去，一依前問，頭（希遷）乃噓兩聲，師（峯）又無語。歸，舉似馬祖。祖曰：「向汝道：『石頭路滑。』」

這則生動有趣的公案記述了隱峯禪師（註五）和馬祖道一的對話。有一天，隱峯向道一禪師辭別，道一問他：「你要去什麼地方呢？」隱峯說：「我去南嶽找希遷禪師。」馬祖道一說：「留心石頭路滑啊！」「石頭路滑」一語雙關，表面說此行不易，實則意指石頭希遷的禪法不好參透。隱峯說：「我隨身帶著竿木，到時候就隨機應變吧！」說完便動身出發。

見到石頭希遷後，隱峯沿著希遷的禪床繞了一圈，振了振手裡的錫杖，問：「您所傳授的法門是何宗旨？」希遷說：「蒼天啊！蒼天啊！」隱峯摸不著頭腦，無言以對，便回去告訴馬祖道一。馬祖說：「你改天再去參禮；如果希遷和尚再說蒼天，你就噓個兩聲來回應他。」

隱峯依照馬祖所說的，再次去拜訪希遷；一如上回那樣詢問：「您所傳授的法門是何宗旨？」沒想到石頭希遷直接「噓！噓！」兩聲。此時的隱峯又無言了，回來後把事情經過稟告，馬祖再次說：「石頭路滑啊！」

在這則公案中，隱峯自以為可以應變（「竿木隨身，逢場作戲」），見到了希遷也問不出個所以然；而石頭希遷用「蒼天！蒼天！」或是「噓！噓！」來回應，都代表禪法是不可用言語表達的。馬祖道一早就知道石頭希遷的機鋒高明，所以譬喻他為「石頭路滑」。

石頭希遷弟子眾多，據《景德傳燈錄》記載所傳為二十一人（註六），其中以藥山惟儼、天皇道悟、潮州大顛為著名法嗣。藥山惟儼弘傳禪法，後門形成了「曹洞宗」；而天皇道悟及其後弟子，到五代時期衍為雲門、法眼兩宗。

青原行思與南嶽懷讓皆師承六祖惠能，爾後分頭弘化，並無門戶之見，兩者的弟子時常往來學習。例如，前面提及馬祖門下隱峯向青原門下希遷問禪，馬祖道一提醒隱峯「石頭路滑」，可看出「石頭宗」與「洪州宗」禪風不同；宗風各異卻不礙互助成長，通過交流也有助於彼此的精進。

青原亦曾託付希遷送書信給南嶽懷讓，並以此驗證彼此的佛法修為；在希遷見到懷讓禪師的應答之中，亦可看出他們有相契之處。《景德傳燈錄》記載：

師（行思）令希遷持書與南嶽讓和尚，曰：「汝達書了速迴，吾有箇鈯斧子，與汝住山。」

遷（希遷）至彼，未呈書，便問：「不慕諸聖、不重己靈時，如何？」讓（懷讓）曰：「子問太高生（深），何不向下問？」遷曰：「寧可永劫沉淪，不慕諸聖解脫。」讓便休。

遷迴至靜居，師（行思）問曰：「子去未久，送書達否？」遷曰：「信亦不通，書亦不達。」師曰：「作麼生？」遷舉前話了，卻云：「發時蒙和尚許鉏斧子，便請取。」師垂一足，遷禮拜。

行思禪師要希遷送一封信去給南嶽懷讓：「你把信送到之後要趕快回來，我這裡有一把鈍斧頭，等回來之後給你，讓你住持山門用的。」行思這裡承諾希遷送信後要「贈斧」，寓含著傳法之意。

見到懷讓禪師後，希遷沒有呈送書信，而是直接請教禪師：「不仰慕諸佛菩薩，也不在乎自己的心性，怎麼辦呢？」懷讓說：「你的問題太高深了，為何不向下問呢？」禪宗對於修行有「向上一著」的譬喻，「向上」（註七）意指由迷入悟、上求菩提之工夫；「一著」原本是圍棋用語，「向上一著」亦即明心見性。

相對於「向上」，懷讓反問希遷，為什麼不「向下」問呢？也就是要他隨順凡愚汙濁之世情。沒想到希遷說：「我寧願永遠都在六道輪迴之中，也不仰慕諸佛菩薩傳授的解脫之法。」說自己情願在六道中受生死輪迴之苦以修行，也不仰賴外在諸佛聖賢傳授的解脫救度；這裡更深一層的意義是，修行是要靠自己的體會和實踐，也就是自修自悟，而非仰賴諸佛菩薩的授予。聽到希遷這樣說，懷讓便默然認可。

希遷回到青原山靜居寺，行思問他：「你怎麼過沒多久就回來啦？書信送到了嗎？」希遷說：「信亦不通，書亦不達。」行思說：「怎麼這樣呢？」於是希遷把對話告訴了師父，說完後接著問：「我前往南嶽時您曾允諾，回來後要送我一把鈍斧，請您交給我吧！」只見行思禪師垂一足示意，希遷便了然於心，頂禮拜謝。「垂一足」表示已將象徵「傳法」的「鉏斧」交給希遷，此時師徒二人心心相印，不言而答；而希遷禮拜承接，直下承當弘法大任。

《宋高僧傳》說：「江西主大寂，湖南主石頭；往來憧憧，不見二大士，為無知矣！」「大寂」是馬祖道一的謚號，「石頭」則是石頭希遷，兩大禪系法門大啟，往來不絕，使禪宗聲名遠揚；時人如果不知道這兩位大師，那就算是無知了。

接下來要介紹的，便是南嶽懷讓及其所傳——馬祖道一。

南嶽懷讓到馬祖道一

修證即不無，汙染即不得：南嶽懷讓

懷讓禪師（西元六七七至七四四年），是金州安康（今陝西省安康市）杜氏之子，十歲便喜愛讀佛經。當時有位玄靜法師剛好路過他家，見他聰明有慧根，於是告訴懷讓的父母親：「這孩子若是出家，必定能夠廣度眾生。」在玄

靜的引導下，懷讓十五歲至荊州玉泉寺弘景律師（註八）座下習律八年，並在玉泉出家，剃髮受具。

《祖堂集》記載，懷讓在習律多年後，仍渴望對佛教義理有深入的契悟：「我受戒今經五夏，廣學威儀而嚴有表，欲思真理而難契焉。」又說：「夫出家者，為無為法；天上人間，無有勝者。」這段話《景德傳燈錄》載為：「夫出家者，為無為法；天上人間，無有勝者。《經》之所謂：『出四衢道，露地而坐也。』」「經」指《法華經》，經文云：「是時長者，見諸子等安隱（穩）得出，皆於四衢道中，露地而坐。」出自《法華經．譬喻品》中的「火宅喻」：慈父（比喻佛陀）見到房屋被大火所燒（娑婆世間），為了讓孩子們（眾生）逃出火宅，於是施設方便，告訴他們在門外有羊車、鹿車、牛車（比喻三乘修行者）等珍玩之物；於是孩子們急速跑出火宅，在十字路口（「四衢道」）露地而坐。

從懷讓的感嘆可以看出，他認為能出家乃十分殊勝，並以此期許自我，精進修行。他的同門坦然禪師（生卒年不詳）勸懷讓四處雲遊參學，並約他一起去拜謁嵩山安國師（註九）（慧安禪師，又稱道安、老安）。《景德傳燈錄》記載，他們初見慧安禪師時對佛法大義有如下討論：

有坦然、懷讓二人來參，問曰：「如何是祖師西來意？」師（慧安）曰：「何不問自己意？」曰：「如何是自己意？」師曰：「當觀密作用。」曰：「如何是密作用？」安（慧安）以目開合示之。然（坦然）言下知歸，更不他適；讓（懷讓）機緣不逗，辭往曹谿。

坦然和懷讓到嵩山拜見慧安禪師，參問道：「達摩祖師自南天竺來到中土傳法，所傳是何意旨？」慧安說：「為什麼不問問自己的意思？」二人又問：「什麼是自己的意思？」慧安說：「應當反觀自性的微妙作用。」他們又接著問：「什麼是反觀自性的微妙作用呢？」只見慧安禪師將眼睛睜開之後又閉上，以此示意「密作用」，也就是傳達自己的本心自性在作用，自性也就是佛性。眼睛開合是日常生活之中微不足道的小動作，慧安藉此暗示坦然和懷讓，佛性就在日常生活中顯現，如同眼睛的開闔一般自然。

坦然聽聞慧安之點撥後便開悟了，不再往他處學習。此時的懷讓則機緣尚未具足，於是辭別慧安禪師，到曹溪參禮六祖惠能。

宗寶本《六祖壇經》記載惠能與懷讓相見時的應答：

師（惠能）曰：「甚處來？」（懷讓）曰：「嵩山。」師曰：「甚麼物？恁麼來？」曰：「說似一物即不中。」師曰：「還可修證否？」曰：「修證即不無，汙染即不得。」師曰：「只此不汙染，諸佛之所護念；汝既如是，吾亦如是。西天般若多羅讖：『汝足下出一馬駒，踏殺天下人。』應在汝心，不須速說。」

懷讓面見惠能後頂禮參拜，惠能問他：「你從什麼地方來啊？」

「我從嵩山來的。」懷讓說。

「你之前在嵩山的修行有什麼領悟嗎？所得何物？」惠能問。

懷讓答：「我內心的領悟難以比擬，不可言說；如果我所領悟的像某種東西，就是並未明白佛法真義。」從「說似一物即不中」可看出，懷讓已能把握住佛法不是某種特定對象或實體的道理。

惠能又問：「那你還需不需要修持參證呢？」

懷讓回答：「如果還時刻起著修證的念頭，就不是真正的無一物可得；如果還認為自性有汙染需要排除，就不是真正的證得佛法。」（另一解釋為：雖仍須修證以提升境界，但自性並無染汙可去（即「何處惹塵埃」之意））這裡可以理解為，惠能試探懷讓，自性是否可經由修證而得？如果懷讓回答可以，就是將自性視為可以經修證去除染汙後而可獲得的東西；因此，懷讓便回答自性不是經修證而得到，自性也無所謂染汙須去除。這樣的回答表示，懷讓不落入語言的表象，不認為自性如物品般可以獲得，亦沒有所謂的染汙須去除，由此透顯懷讓對於佛法已有真正的體悟與理解。

懷讓回答完之後，惠能欣然說道：「這個不被汙染的心，便是諸佛所要護念的；你是如此，我亦如是。西天般若多羅尊者（註一〇）曾經預言：『你門下將出現一匹駿馬，超越天下人之上。』（汝足下出一馬駒，踏殺天下人）這話你只要牢記在心，不需要說出去。」這表示懷讓已經不再受到塵垢的汙染，領悟到佛法真義；已印證在心中，不再需要言說。

根據《祖堂集》記載，懷讓跟隨惠能十二年，後來到了南嶽衡山傳法。《宋高僧傳》記載，懷讓在衡山觀音臺居止時，有一位名為僧玄（生卒年及生平事蹟不詳）的出家人，將要被拘入獄；僧玄祈願懷讓可以幫助自己，而懷讓早知道這件事情了，便救助僧玄脫難。這件事在當地傳開，便以「救苦觀音」稱呼懷讓。

懷讓大力弘揚六祖惠能的頓悟法門，強調「心即是佛」、「無念無宗」；其修行方法簡便，宗旨為「淨心、自悟」，其禪法廣為流傳，信徒眾多。《宋高僧傳》記載：「（懷讓）化緣斯盡，傳法弟子曰道峻、道一，皆升堂覩奧也，其後一公（道一）振法鼓於洪州。」《景德傳燈錄》中則記載懷讓有弟子六人（註一一）。

天寶六年（西元七四四年），懷讓示寂，馬祖道一為其建塔。唐敬宗寶曆年間，敕謚「大慧禪師」，塔號「最勝輪」。

平常心是道：馬祖道一

南嶽懷讓所傳弟子最著名的是馬祖道一（西元七〇九至七八八年，或為西元六八八至七六三年）。道一對唐代及後世皆有重要的影響，特別是他創建的叢林制度，啟發百丈懷海制定規章，成為禪宗道場規章儀軌的準則。

馬祖道一俗姓馬，漢州什邡（今四川省什邡縣）人；因其父以編織簸箕維生，道一也被稱為「馬簸箕」。據說道一的容貌奇特，《宋高僧傳》曰：「生而凝重，虎視牛行；舌過鼻準，足文大字。」權德輿〈唐故洪州開元寺石門道一禪師塔銘並序〉（簡稱〈道一塔銘〉）則說：「生有異表，幼無兒戲；嶷如山立，湛如川渟；舌廣長以覆準，足文理而成字。」《景德傳燈錄》也說：「容貌奇異，牛行虎視；引舌過鼻，足下有二輪文。」這樣一位舌頭可點至鼻尖、腳下有兩個輪紋（此二者為佛陀三十二相之「足輪相」與「廣長舌相」）、目光像虎眼般威嚴、動作如牛行般沉穩、很有大家風範的人，就是馬祖道一禪師。

道一年少時隨資州（今四川省資中縣）羅漢寺處寂和尚（俗姓唐，又稱唐和尚）落髮出家，後受具於渝州圓律師；聽聞惠能法嗣懷讓禪師在南嶽傳法之後，便前往受學。關於道一的悟道因緣，正是禪宗著名公案「磨磚成鏡」。《景德傳燈錄》云：

開元中有沙門道一住傳法院，常日坐禪。師（懷讓）知是法器，往問曰：「大德坐禪圖什麼？」一（道一）曰：「圖作佛。」師乃取一塼（磚），於彼庵前石上磨。一曰：「師作什麼？」師曰：「磨作鏡。」一曰：「磨塼豈得成鏡耶？」師曰：「磨塼既不成鏡，坐禪豈得成佛？」一曰：「如何即是？」師曰：「如人駕車，不行，打車即是？打牛即是？」一無對。師又曰：「汝學坐禪？為學坐佛？若學坐禪，禪非坐臥；若學坐佛，佛非定相。於無住法，不應取捨。」

馬祖道一於開元年間在南嶽的傳法院修習坐禪。懷讓知道他堪任法器，便前往詢問：「大德你坐禪是想圖什麼呢？」道一說：「我想作佛。」聽到道一的回答，懷讓禪師便拿了一塊磚頭，在庵前的石上磨礪。道一不解地問：「師父您磨磚做什麼呢？」懷讓回答：「磨了作鏡子。」道一不免疑惑：「磨磚怎麼可能做成鏡子？」懷讓反問：「磨磚既然做不成鏡子，坐禪又豈能成佛呢？」

經此點撥，道一自有了悟。便問：「（如果坐禪不能成佛）要怎麼做才能成佛？」懷讓說：「比方說，有人駕著牛車，牛車不動時，是要打車還是打牛？」道一聽了，無言以對。懷讓接著說：「你是學坐禪，還是學作佛？如果是學坐禪，禪不是靠或坐或臥就能修成；如果是學成佛，佛並沒有固定的樣貌。佛法本無固定的樣貌或法門（無住），所以你也不必執著於形式（取捨）。」

從這個饒富趣味的接引中，懷讓告訴道一，修行佛法不須執著於某些固定的形式，進而啟發道一向內參究心地法門。

道一跟隨懷讓禪師參學十年，得開悟承繼法流。道一主張「觸類是道而任心」，在行、住、坐、臥以及應機接物等「平常心」就是道，這也是其修行的方法。道一常用「棒喝」來接引，重視機鋒、風格犀利為其特點。

《景德傳燈錄．卷六》有關於「江西道一禪師」的記載：

（道一）一日謂眾曰：「汝等諸人，各信自心是佛，此心即是佛心。達摩大師從南天竺國來，躬至中華，傳上乘一心之法，今汝等開悟。（達摩）又引《楞伽經》文，以印眾生心地，恐汝顛倒不自信；此心之法，各各有之。故《楞伽經》云：『佛語心為宗，無門為法門。』又云：『夫求法者，應無所求。』

心外無別佛，佛外無別心；不取善，不捨惡；淨穢兩邊，俱不依怙；達罪性空，念念不可得，無自性故。故三界唯心，森羅萬象一法之所印。」

道一禪師在一次說法的時候告訴眾人：「要知道，成佛的心就是『自心』，『此心』就是『佛心』。達摩大師從南天竺親至中國，傳布最上乘的一心之法，就是要讓大家開悟。達摩大師又引用《楞伽經》中的文字來印證眾生的本心，這是擔心許多人會因為顛倒邪見，對自心沒有自信；不相信這『自心』之法，是每個人都各自具足的。

「所以《楞伽經》才會說：『諸佛所說的都是以心為宗旨，以無門為法門。』又說：『求法的人，應當別無所求。』因為，在『（自）心』之外，沒有別的什麼佛存在；除了『佛（心）』之外，也沒有什麼別的心存在。對於善、惡不取不捨，不落於世間善惡的對立；對清淨、汙穢兩端皆不偏靠；通達所謂的『罪』是性空的，不論是善惡、淨穢、罪等心念，都是無自性而不可得。所以，欲界、色界、無色界這『三界』唯是一心所變現，包羅萬象的諸法都是由『心』所映照、呈現出來的。」

道一禪師所引的《楞伽經》文字，是經過自己闡釋後的記述。如「佛語心為宗，無門為法門」二句，前句應是出於《楞伽經》之〈一切佛語心品〉，後句則脫胎於〈一切佛語心品之一〉的「第一義法門，遠離於二教」。「夫求法者，應無所求」則源自《維摩詰所說經》：「若求法者，於一切法，應無所求。」在道理上皆與《楞伽經》重視內心自悟的精神相應。

馬祖道一自天寶元年（西元七四二年）在福建建陽佛跡嶺自創法堂，登堂開示，後來又到了江西臨川、虔州（今江西贛縣）龔公山寶華寺弘法。唐朝大曆年間，道一來到洪州鍾陵（今江西省南昌市）開元寺說法，徒眾雲集，使洪州成為江南佛學中心，創立了「洪州宗」。他親傳弟子八十四人，法嗣一三九人，各方弘化，使得佛法極盛天下。關於馬祖道一及其對弟子的靈活教導，將於第三章〈江西參學，馬祖啟導〉中有更詳細的介紹。

「南嶽懷讓——馬祖道一」及「青原行思——石頭希遷」從湘、贛流域崛起、發展、傳播的過程中，不同門派在保留自己禪風的同時，也能互相吸取學習、彼此融通。除了蓬勃的問道參禪交流，別設叢林道場，也為禪宗的流傳和廣布建立深厚的基礎。

禪宗從菩提達摩到僧璨都是行頭陀行，隨緣而居無所定處；直到四祖道信「擇地開居，營宇立象」，採取自耕自給的農禪方式；從道信到弘忍之後，僧眾越來越多，也延續這樣的自給自足模式。隋唐時代，許多禪師掛名在合法的寺院中，或是居住在巖洞、草屋或山舍，到了唐玄宗則大興律寺，這些舉措對於禪修上有一定程度的不便。

道一影響漢傳佛教最深的部分，就是開創「叢林」制度。《大智度論》云：「僧眾和合居住於一處，猶如樹木聚集之叢林，故以之為喻。」由此可知，「叢林」指的是僧眾居住的寺院，建立叢林的目的便是形成修道中心。馬祖道一開闢荒山，成立道場來安頓僧眾，並且延續禪門傳承的農禪風氣。

百丈懷海發揚了道一「山林佛教」精神，並據此創設清規，將佛教原有的大小戒律予以折衷，進行教規改革，使僧團及僧眾有了可以遵循的儀軌與制度。關於「百丈清規」的內容，將於第二部分「影響」中詳細介紹。

【註釋】

註一：弘忍（西元六〇二至六七五年），為中土禪宗五祖，俗姓周，蘄州黃梅人。七歲從道信出家，十三歲剃度為僧。承繼道信「一行三昧」、「守一不移」的禪法，提倡「齊速念佛名」、「徵心」、「向心中看一字」等法門；後定居於馮茂山，此處位於道信所居的雙峰山之東，故世稱「東山法門」。其弟子眾多，著名者有神秀、惠能、法如、老安等。弘忍所傳十人：「『如吾一生，教人無數，好者並亡；後傳吾道者，只可十耳。我與神秀，論《楞伽經》；玄理通快，必多利益。資州智詵、白松山劉主簿，兼有文性；莘州惠藏、隨州玄約，憶不見之；嵩山老安，深有道行；潞州法如、韶州惠能、揚州高麗僧智德，此並堪為人師，但一方人物；越州義方，仍便講說。』又語玄賾曰：『汝之兼行，善自保愛；吾涅槃後，汝與神秀，當以佛日再暉，心燈重照。』」依此段文字來看，弘忍認為可傳其法的至少有神秀、資州智詵、白松山劉主簿、莘州惠藏、隨州玄約、嵩山老安、潞州法如、韶州惠能、揚州高麗僧智德、越州義方等十位弟子，並未區分這十位弟子的地位高低。

註二：另有一說法認為，「一花開五葉」意指初祖菩提達摩東渡來到中土，後經歷二祖慧可、三祖僧璨、四祖道信、五祖弘忍及六祖惠能。

註三：荷澤神會（西元六六八至七六〇年），或做「菏澤」神會，俗姓高（一說為「萬」），湖北襄陽人，唐朝中期佛教高僧，六祖惠能五大弟子之一；曾被奉為中國禪宗七祖，為荷澤宗的建立者。唐肅宗謚真宗大師。開元二十年（西元七三二年），在滑臺（今河南滑縣）進行「滑臺之會」，與名僧崇遠進行辯論，確立「南宗」宗旨，並批判神秀北宗是「師承是傍，法門是漸」。著《顯宗記》，提出「南頓北漸」的說法，以南能為頓宗，北秀為漸宗。安史之亂，神會不忍蒼生遭劫，為籌備軍費而四處奔走、聲援朝廷，將所獲供養金錢悉捐為軍餉。唐肅宗感念其功德，詔請神會入宮，並敕駐洛陽荷澤寺，闡揚六祖宗風。肅宗上元元年入寂，世壽九十三歲。

註四：《宗鑑法林》為清代臨濟宗僧人性音（字迦陵）所編，凡七十二卷；內容廣泛，蒐錄歷代祖師之公案、拈頌、古則，計二七二〇條。所列順序為：世尊、諸經、應化聖賢、西天祖師、東土祖師、旁出諸祖、未詳法嗣者、自大鑑（惠能）下一世至青原及南嶽下三十七世、嗣法未詳之尊宿等。《宗鑑法林》在康熙五十一年（西元一七一二年）於法林寺匯集編纂，至康熙五十三年（一七一四年）鐫版完工於京師（北京）柏林院宗鑑堂，故題名《宗鑑法林》。

註五：隱峯禪師（生卒年不詳），唐代僧人，福建邵武（今福建省南平市下轄邵武市）人，俗姓鄧。隱峯初參謁馬祖道一，又從學於石頭希遷，於馬祖道一言下開悟。據《五燈會元》記載，唐朝元和年間（西元八〇六至八二〇年），隱峯欲登五臺山，遇到淮西吳元濟叛軍與官軍交戰，勝負難分。隱峯說：「吾當去解其患。」於是將錫杖往空中一抛，飛身而過；兩軍兵將見到神異後，便止息戰爭。顯現神通後，隱峯顧慮到這樣的神異可能導致信眾疑惑，於是進入五臺山，在金剛窟前倒立入滅。

註六：《景德傳燈錄》記載希遷有弟子二十一人：荊州天皇寺道悟禪師、京兆尸利禪師、鄧州丹霞山天然禪師、潭州招提寺慧朗禪師、長沙興國寺振朗禪師、澧州藥山惟儼禪師、潭州大川和尚、汾州石樓和尚、鳳翔法門寺佛陀和尚、潭州華林和尚、潮州大顛和尚、潭州長髭曠禪師、水空和尚、寶通禪師、海陵大辯禪師、渚涇和尚、衡州道詵禪師、漢州常清禪師、福州碎石和尚、商州商嶺和尚以及常州義興和尚。

註七：在禪史典籍中，經常可見「向上」、「向上道」、「向上一路」等用語，常散見於應答之間，通常是禪師用來接引或勘驗學人領悟境界。「向上門」又稱逆卍字（即卐），屬於自利門，禪宗以自迷境直入悟境、上求菩提之工夫，稱為向上門。

與向上門相對的是「向下門」，又稱順卍字，屬於利他門，自悟境順應而入迷境，示現自在之化他妙用，稱為向下門。

若未兼具「向上門」與「向下門」者，皆非真悟。

註八：弘景律師（西元六三四至七一二年），或作恆景、宏景（因宋代之後史書為避宋太祖之父趙弘殷名諱而改之），唐代僧人，俗姓文，荊州當陽人（今湖北省宜昌下轄當陽市）。

貞觀二十二年（西元六四八年），年十五，弘景奉敕剃度，初事道宣弟子文綱受律學，後入玉泉寺修習天台止觀，並在玉泉寺南邊約十里創立龍泉寺。

唐朝武則天、唐中宗年間，曾三度敕詔弘景入朝廷，供奉為受戒師。唐中宗景龍三年（西元七〇九年）奏請歸山，中宗為其設齋。唐玄宗先天元年（西元七一二年），世壽七十九。

弘景撰有《順了義論》二卷、《攝正法論》七卷、《佛性論》二卷等，並曾與實叉難陀等人共譯《華嚴經》八十卷。

註九：慧安禪師據傳生於隋文帝開皇元年（西元五八一年），年壽約近一百三十歲，荊州枝江（今湖北省宜昌市下轄枝江市）人，俗姓衛。隋文帝期間遁入山谷私度（未經政府官許，私下剃度為僧）。隋煬帝大業年間開通運河，勞役和沉重賦稅造成人民苦不堪言、遍地饑饉；慧安四處化緣，乞食相救。後至南嶽衡山，行頭陀行（日中一食、樹下一宿、但三衣；或者塚間坐，或者露地坐……）唐朝貞觀年間，他到黃梅拜見五祖弘忍，遂得心印；由於年紀比老師大很多，所以又稱「老安」。

慧安後來遍歷名川，到了嵩山少林寺，說：「是吾終焉之地。」此後求道參學者絡繹不絕。《宋高僧傳》記載，唐中宗神龍二年（西元七〇六年），朝廷賜紫衣摩納，並迎請入宮，三年後辭歸。

註一〇：般若多羅尊者是西天禪宗二十七祖，為菩提達摩之師。達摩祖師至中國傳法前，般若多羅尊者曾經告訴他一些讖語，預言佛法在東土流傳的情形。

如《五燈會元》中，般若多羅尊者告達摩曰：「震旦國中無別路，要假兒孫腳下行；金雞解銜一粒粟，供養十方羅漢僧。」意指在中國的傳法別無他路，必須靠弟子們廣為傳布；金雞（比喻菩提達摩）銜來一粒米（比喻佛法），卻能供養十方的羅漢。其中「無別路」可理解為「其道一也」，隱喻了「馬祖道一」之名；而「腳下行」則預言，日後馬祖道一所傳之法將在天下廣布。「漢州十方縣羅漢寺」是馬祖道一出家的地方，被認為與「十方羅漢僧」一語相契。

宗寶本《六祖壇經》中，惠能引般若多羅尊者讖語告訴懷讓：「汝足下出一馬駒，踏殺天下人。」馬祖道一正是懷讓禪師之法嗣，也應驗了預言之說。

註一一：《景德傳燈錄》載有六人得南嶽懷讓印可：「汝等六人，同證吾身，各契一路。一人得吾眉，善威儀（常浩）；一人得吾眼，善顧眄（智達）；一人得吾耳，善聽理（坦然）；一人得吾鼻，善知氣（神照）；一人得吾舌，善譚說（嚴峻，或作道峻）；一人得吾心，善古今（馬祖道一）。」

第三章　江西參學，馬祖啟導

師侍馬祖行次，見一群野鴨飛過。祖曰：「是甚麼？」師曰：「野鴨子。」祖曰：「甚處去也？」師曰：「飛過去也。」祖遂把師鼻扭，負痛失聲。

在浮槎寺的潛心研讀，讓懷海在參禮馬祖道一禪師之前，便十分通曉佛經要義及佛教戒律。當他聽說道一禪師在虔州南康（今江西省贛州市南康區）弘揚佛法時，便離開廬江來到「地接嶺南，人安物阜」的南康龔公山。

逢馬則參，臨丈則止

馬祖道一到龔公山之前，原先是在建陽（今福建省南平市建陽區）佛跡嶺傳法；〈道一塔銘〉說他離開建陽後，帶著弟子們前往江西，先到臨川（註一）西里山（又名犀牛山），後來才到虔州南康龔公山。

在馬祖道一率眾開闢山林前，龔公山原先是個「峰岫間魑魅叢居，人莫敢近，犯之者災釁立生」（《宋高僧傳》）的地方。相傳曾有一個身穿紫色神衣、頭戴黑帽者，知道馬祖道一要來這裡建立道場，便恭敬地說：「捨此地為清淨梵場。」語畢後便不見形影；龔公山的猛鷙毒螫從此馴服，不再擾亂。

《太平寰宇記．卷一〇八》（註二）記載：「龔公山，在縣東北一百八十里，其上奇峰翠巘，前後連延；蘿木泉石，左右襟帶；昔有隱士龔豪棲此，因此名焉。」地方流傳著馬祖道一向龔隱士求施「一衣之田、一煙之山」的故事：道一禪師請龔隱士布施一件僧衣大小的田、一縷輕煙移動範圍的山，龔隱士答應了。於是，馬祖道一便將袈裟拋向空中，僧衣旋即覆蓋了整片天空；接著又點燃清香，香煙慢慢飄動，逐漸遍布整座龔公山。龔隱士遵守諾言贈予「一衣之田、一煙之山」，從此龔公山便為馬祖道一的道場。

這個傳說和六祖惠能在曹溪「化一個坐具之地」（註三）有些相似。民間故事固然未必真實可信，卻代表著道一禪師的形象廣為流傳並且深入人心。

馬祖道一所到之處，求法者如雲聚集，如影隨形。甘泉志賢、紫玉道通、天目明覺等人於佛跡嶺拜師；在西里山弘法時，則有西堂智藏（《景德傳燈錄》則說智藏於佛跡嶺即參禮馬祖）、丹陽超岸、石鞏慧藏來歸；有學者考證，大珠慧海（註四）亦可能於西里山時期來歸。道一至龔公山傳法後，虔州由蠻荒逐漸發展成禪學中心，百丈懷海此時來奔，同期還有弟子鹽官齊安、伏牛山自在；虔州刺史裴諝更是尊崇佛法，經常親自向道一禪師請益。

到了洪州時期（唐代宗大曆七年，西元七七二年），馬祖道一隸名開元寺，這是道一禪師傳法最為弘盛的階段，百姓傾慕，官吏崇敬，開元寺成了「選佛之場」，時人稱其宗風為「洪州禪」。眾多來訪皈依的禪僧中，著名的有南泉普願、章敬懷暉、歸宗智常、興善惟寬、芙蓉太毓、茗溪道行、九井玄策、雲秀神鑒。百丈懷海從南康龔公山追隨道一，之後便一路侍奉，隨師前往洪州，直至馬祖道一圓寂。

明清地方志開始出現「逢馬則參，臨丈則止」（註五）的說法，意指懷海到百丈山依止馬祖道一受學，受點化而開悟。地方志對禪師行誼的改寫或增添，寓含教化和肯定的意味，在一定程度上反映了馬祖道一與百丈懷海的影響力。

至於百丈懷海參禮馬祖道一的時間，前文只提及乃於虔州時；不過，在禪史中並沒有確切記載，僅能從史料及前人的研究中推敲。

首先，道一抵達南康的時間說法不一。學者郭輝圖指出：「馬祖道一之所以選中在虔州龔公山駐錫的原因，是因為應虔州刺史裴諝之邀。」此處「裴諝」指的即是「裴諝」；《宋高僧傳．道一傳》說：「郡守河東裴公，家奉正信，躬勤諮稟。」而裴諝約於大曆二年至六年（西元七六七至七七一年）擔任虔州刺史。

王榮國則認為，「道一禪師應是在裴諝任虔州刺史之前就在龔公山弘法，他離開臨川西里山移錫虔州龔公山的時間應在廣德元年至大曆元年之間（西元七六三年至七六六年）。」再者，根據謝重光的考證，馬祖道一應觀察使路嗣恭（註六）的禮請轉往洪州開元寺（註七），離開南康的時間點是唐代宗大曆七年（西元七七二年）。（註八）

此外，參照百丈懷海事蹟，懷海約是在唐代宗大曆三年（西元七六八年）正式成為比丘（詳見本書第一章），接著到浮槎寺潛心研讀（於浮槎寺停留的實際時間不詳，〈懷海塔銘〉說「閱浮槎經藏，不窺庭宇者積年」，「積年」意指懷海讀經多年），爾後「聞大寂（道一）始化南康，操心依附」（《宋高僧傳》）。

若假定懷海在浮槎寺讀經時間最少有一至二年，同時將浮槎寺到龔公山相隔九百多公里的地理距離納入考量，百丈懷海到南康親炙馬祖道一，最快應當是唐代宗大曆四、五年間（西元七六九至七七〇年間），最遲不晚於大曆七年（西元七七二年），因為這年馬祖道一已經抵達開元寺了。

「三大士」為角立焉

《宋高僧傳》說：「於時天下佛法，極盛無過洪府，座下聖賢比肩，得道者其數頗重。」根據江西地方志研究專家何明棟考證，道一禪師及其弟子的傳法廣布，幾乎涵蓋了江西全省；何明棟在〈馬祖道一大師在贛弘法聖跡述略〉一文中提到，至今仍然保存或有遺跡可考的馬祖道一相關道場遺址（馬祖聖跡）有二十八處。

洪州名滿天下，馬祖門下人才濟濟，《景德傳燈錄》說：「（道一）入室弟子一百三十九人，各為一方宗主，轉化無窮。」其中，「百丈懷海」、「西堂智藏」與「南泉普願」，並稱「三大士」。

西堂智藏

智藏禪師（西元七三五至八一四年），俗姓廖，虔州虔化人（今江西省贛州市寧都縣）；其駐錫於虔州西堂，故稱「西堂智藏」。

智藏自幼相貌不凡，儀表顯露出日後必成大器之象。《宋高僧傳》說他「八歲從師，道趣高邈，隨大寂（道一）移居龔公山。」馬祖道一到龔公山之前，是在撫州西里山弘法，亦即智藏是在西里山時期依止道一。

唐枝〈虔州龔公山西堂敕謚大覺禪師重建大寶光塔碑銘〉說智藏：「年

十三，首事大寂於臨川西里山。」作為馬祖道一門下的高徒，智藏從西里山、龔公山、洪州開元寺一路跟隨，並獲得道一「付授納袈裟，令學者親近」（《景德傳燈錄》）的肯定。

從《景德傳燈錄》記載的一則有趣公案，可以看出智藏對禪法的見解：

一日，大寂（馬祖道一）遣師（智藏）詣長安，奉書於忠（慧忠）國師。國師問曰：「汝師說什麼法？」師從東過西，而立。

國師曰：「只遮箇（這個）？更別有？」師卻過東邊立。

國師曰：「遮箇是馬師底，仁者作麼生？」

師曰：「早箇呈似和尚了。」

有一天，馬祖道一派智藏送信到長安給南陽慧忠（註九）。見面後，慧忠國師問智藏：「你的師父馬祖道一說了些什麼法？」只見智藏從東走到西，然後站著，卻沒有回答。慧忠國師問：「只有這個？還有沒有別的？」智藏又從西邊走回來，在東邊站著，依然沒有回話。慧忠國師說：「這個是馬祖道一所傳之法，你自己的禪法又是什麼呢？」智藏說：「我早已經呈現給您看了。」

西堂智藏不用言語回答慧忠提問，而是從東走到西；當慧忠追問還有沒有其他的佛法深意，智藏又從西走回東。慧忠想進一步了解智藏對佛法的見解，智藏卻說自己已經用行動表示過了。為何智藏沒有做任何解釋或行動，卻說已經表示了呢？

事實上，智藏要傳達的是，不論行走或站立，佛法盡在行住坐臥間。首先，「從東過西，而立」、「卻過東邊立」，都是透過日常的行動去認識佛法的真義，表示佛法便在日常活動中展現；智藏走動的行為即展示了佛法，未必要透過語言才能表現。

再者，智藏透過移動位置與站立，已經傳達了佛法通達地貫穿或含融所有時空，只是需要修行者身體力行去領悟和修證，而不是只靠語言表達。所以，智藏回答慧忠國師「早箇呈似和尚了」，就是說他自己早就透過行為舉止呈現了佛法真諦。

智藏在唐代的聲望很高，《宋高僧傳》說：「時亞相李公兼、國相齊公映、中郎裴公通，皆傾心順教。」馬祖道一圓寂後，智藏開堂宣法，於虔州西堂駐錫，宣揚洪州禪風。智藏弟子有虔州處微，以及多位新羅僧人——朝鮮「禪門九山」（註一〇）中的迦智山派道義、實相山派洪陟、桐裏山派慧哲都是他的法嗣。

南泉普願

南泉普願（西元七四八至八三四年），鄭州新鄭人（今河南省鄭州市下轄新鄭市），俗姓王，常自稱「王老師」。其於池陽（安徽省）南泉山建禪院，故稱「南泉普願」。

普願十歲時受業於大隗山大慧禪師，三十歲從嵩岳會善寺暠律師受具足戒，後至江西洪州開元寺參禮馬祖道一。《宋高僧傳》說：「大寂（馬祖道一）門下八百餘人，每參聽之後，尋繹師說，是非紛錯；願或自默而語，群論皆弭。」足見普願的見解在同門中十分受到重視。

唐德宗貞元十一年（西元七九五年），普願駐錫南泉山，種地牧牛、自耕自足，三十多年不下山。太和七年（西元八三三年），觀察使陸亘、護軍劉公等人迎請普願下山弘法，「毳衣（指僧衣）之子奔走道途，不下數百人」，足見學徒雲集，法道大揚。普願法嗣較為著名的有趙州從諗（註一一）、子湖利蹤、長沙景岑等人。

禪宗有一則膾炙人口的公案「南泉斬貓」，歷代討論頗多，常被認為是難解的公案。《景德傳燈錄》記載：

師（普願）因東西兩堂各爭貓兒，師遇之，白眾曰：「道得，即救取貓兒；

道不得，即斬卻也。」眾無對，師便斬之。

趙州（從諗）自外歸，師舉前語示之，趙州乃脫履安頭上而出。師曰：「汝適來若在，即救得貓兒也。」

有一天，普願見到東、西兩堂的僧人們因為一隻貓咪而起了爭執，便告訴眾僧：「你們誰悟道了，便能救下貓兒；如果沒有人悟道，我就把貓兒殺了。」眾僧無人以對，普願就把貓斬殺了。趙州從諗回來時，普願把這件事告訴他；從諗聽了之後，便把鞋子脫下來放在頭上，然後走出去。普願說：「要是剛才你在場的話，就能救貓兒的性命了。」

這則公案引起後人不少疑惑。身為禪師的普願，為何殺生？為何從諗脫下鞋放在頭上，就等於已悟道呢？有一種合理的解釋是，僧人們爭奪貓咪，表示還貪著可愛動物，甚而為此生起占有、爭吵的心態，引發諸多煩惱；普願斬貓，表面上看似殘酷，根本上則是為了斬斷眾僧們的爭端和煩惱。

從諗聞知此事後，並未以言語表示自己「道得」或「不得」，這是因為領悟真諦與否不是可以用語言文字表示的，不論是否回答均是誤解佛法；於是，從諗只做了「脫履安頭上」的動作。鞋子已經踩過地面，是髒汙的；僧人的頭頂已剔除鬚髮，是受戒律規範，本應是斷除煩惱而清淨的。從諗將髒汙的鞋放在乾淨的頭頂上，或意指眾僧本末倒置，將原本應該清淨的心念，染上了貪瞋之念。

進而言之，這也意味著不能單純地以表象上的行為批判普願；其殺貓的行為並不非出於貪瞋等妄心，而是為了止息紛爭、使眾僧們領略佛法深意才做出的舉動。

「三大士賞月」公案

禪師們常用動作或問答啟迪學人，或單刀直入、直截討論核心，或以非邏輯性、意在言外的靈活言行示意，傳達不可言說、不可思議的佛法要旨，藉此檢視弟子們的悟境。

有一天，百丈懷海、西堂智藏與南泉普願一同陪著師父賞月，馬祖道一利用這個機會讓「三大士」各抒己意。《五燈會元》記載：

一日，馬祖道一與三大士賞月，西堂、百丈、南泉隨侍翫月次。

師（道一）問：「正恁麼時如何？」

堂曰：「正好供養。」丈曰：「正好修行。」泉拂袖便行。

師曰：「經入藏，禪歸海；唯有普願，獨超物外。」

馬祖道一問三大士：「在這樣的情景下，應當做些什麼呢？」西堂智藏說：「這個時候正好供養。」百丈懷海說：「這個時候正好修行精進。」只見南泉普願不發一語，直接拂袖離開。馬祖道一說：「經論教法就屬智藏，禪宗心法則歸懷海；只有普願，獨自超脫於諸法之外。」三位禪師的回答，可視為各自證悟境界的呈現。

智藏說「正好供養」。所謂的「供養」，除了指以飲食、臥具、衣物、湯藥等四事的供施之外，也指善於聽聞大乘正法，如《十住毗婆沙論》云：「供養有二種：一者，善聽大乘正法，若廣、若略；二者，四事供養、恭敬、禮侍等。具此二法供養諸佛，名為善供養諸佛。」馬祖道一評論他是「經入藏」，意思或是指智藏通達佛經典籍，善於運用文字般若傳法。

百丈懷海說「正好修行」，可見他對於自身修證的要求與禪宗的體悟；對應於馬祖道一評論的「禪歸海」，表示懷海已得禪宗心要。普願則是物我兩忘，沒有任何言語和執取，不再透過語言表示自己學習經教與禪宗心法的悟境。在這則公案中，普願的境界顯得更高。

禪宗公案中，常可見「西來意」、「祖師西來意」的發問，也就是詢問「達摩祖師自南天竺來到中土傳法，所傳是何意旨？」探究「祖師西來意」，亦即對佛法大義的探討。然而，「祖師西來意」無法用語言表達清楚，是以馬祖道一在引導學人時，故意不著邊際，智藏和懷海也承襲了師父的教導方式。百丈懷海在下一則公案中，顯得理解更為透徹。據《古尊宿語錄》所載：

問：「離四句，絕百非，請師直指西來意。」

師（道一）云：「我今日無心情，汝去西堂問取智藏。」

僧至西堂問，西堂以手指頭云：「我今日頭痛，不能為汝說得，汝去問海兄。」

僧去問海（懷海）兄，海兄云：「我到者裏（這裡）卻不會。」僧回，舉似師。

師云：「藏頭白，海頭黑。」

有位僧人向馬祖道一請教：「離開『四句』，棄絕『百非』，請師父直接明說，達摩祖師自南天竺來到中土傳法，所傳是何意旨？」馬祖道一說：「我今天沒心情回答，你去問西堂智藏吧！」於是僧人跑去求教智藏，智藏用手指著頭說：「我今天頭痛，沒辦法為你說明，你去問百丈懷海吧！」僧人又去請教懷海，懷海則說：「我在這裡卻不會。」僧人把這些話告訴馬祖，馬祖便說：「智藏的頭是白的，懷海的頭是黑的。」

這則公案又被稱為「馬祖黑白」。有僧人向道一禪師請教，如何可以「離四句、絕百非」來闡述佛法大義呢？「四句」，即「四句分別」（註一二），佛經中常以「有、無、亦有亦無、非有非無」等四句形式來解釋義理；然而，四句形式並不能完全傳達佛法。

「百非」的「百」是舉大數，概稱數量很多；「非」常用於「非有非無」之類，就是在有無等一切概念加上「非」字，來表達否定的意思。「離四句，絕百非」亦即佛法無法用四句分別來解釋，也超越百非之否定。「四句」與「百非」固然是透顯真理的一種言辭方式，但既然要「離四句」、「絕百非」，則更高的層次應是連語言都捨棄，直接證悟佛法的真義。

既然佛法是「離四句，絕百非」，要怎麼說明祖師西來意呢？僧人向馬祖道一詢問，沒想到道一禪師說沒心情回答，讓他去問西堂智藏；智藏禪師說自己頭痛沒辦法解說，又讓僧人去問百丈懷海；懷海禪師則直接說：「這個我不會。」從「我今日頭痛，不能為汝說得」到「我到者裏卻不會」，兩位禪師都沒有回答到底何謂「祖師西來意」。我們或可理解為，智藏說「今日頭痛」，即是要使僧人不再關注於語言的表達，以免增生煩惱；而懷海直接說自己「不會」，亦即不懂得如何用語言表達，其實也就是暗示「祖師西來意」不可言說。

僧人之後把這些話原封不動地報告馬祖，馬祖則說：「智藏的頭髮是白的，懷海的頭是黑的。」這回答看似讓人摸不著頭腦，其實應是在說：智藏年紀比懷海大很多，用顯而易見的事情來點撥僧人；懷海則更直接表示不可言說，何必問「祖師西來意」？

總而言之，佛法處處可見，需要自己透徹覺悟本自具足的佛性，又何必到處問人，落於言詮？

洪州接機，觸類是道

馬祖道一認為生活中處處是禪法，所以常常在應答之間讓弟子們直觀自心，進而省悟。正如《江西馬祖道一禪師語錄》中記載：「著衣喫飯，言談祇對，六根運用，一切施為，盡是法性。」尋常待人接物皆是佛性的表現，俯拾即是都可用來活潑點化，使弟子們據此修持學習；百丈懷海就是在靈活峻峭的洪州禪風中實踐體會，進而開悟。接下來介紹幾則師徒之間自然精彩的對話問答。

拈胡餅，是什麼？

師（懷海）參馬大師（道一），為侍者。檀越每送齋飯來，師才揭開盤蓋，馬大師拈起一片胡餅示眾云：「是什麼？」每日如此，師經三年，方有省。

百丈懷海隨侍馬祖道一，檀越（註一三）每次送齋飯來，百丈懷海一掀開盤蓋，馬祖道一便拿起一片芝麻燒餅問大家：「這是什麼？」天天都問相同的問題，就這樣過了三年，百丈懷海終於有所領悟。

這則公案出自《聯燈會要》（註一四）。馬祖道一拈燒餅，是要透過這個舉動來指示弟子，佛法與修行無處不在，也在於每天都要吃的燒餅之中。經過三年耐心教化，百丈懷海方有領悟。

由此可知，即使每日看著送齋飯與吃飯的不變流程，也可以是體悟佛法的時機，以及修行的過程。

野鴨飛過

禪宗公案「百丈野鴨子」——或稱「馬祖野鴨子」（註一五），是馬祖道一實際運用生活場景來啟迪弟子，內容饒富趣味，在痛、哭、笑中，百丈懷海經歷證悟自性的過程。《五燈會元》記載：

見一群野鴨飛過。祖（道一）曰：「是甚麼？」師（懷海）曰：「野鴨子。」祖曰：「甚處去也？」師曰：「飛過去也。」祖遂把師鼻扭，負痛失聲。祖曰：「又道飛過去也？」師於言下有省。

某天，有一群野鴨子從天空飛過，馬祖道一問說：「這是什麼呀？」懷海說：「是一群野鴨子。」道一又問：「什麼地方去呢？」懷海說：「飛過去啦！」馬祖道一聽懷海這樣回答，便把他的鼻子一扭，懷海痛得大叫。馬祖道一說：「又說飛過去啦？」百丈懷海頓時有所醒悟。

這裡的「野鴨子飛過」和上一則公案的「胡餅」一樣，都只是日常可見的事物。馬祖要問的並非事物的表象，而是藉由野鴨子問懷海，在這過程中看到什麼佛法深意？當懷海回答：「飛過去了。」表示他的所思所想還停在對事物表面的執著，只是看到一群野鴨，自己的思緒還隨著外境而牽動，自心跟著野鴨一起飛走；不僅不能從中修行，也迷失了本心本性。所以，馬祖扭了扭他的鼻子，似要把懷海的心扭轉過來——不論什麼事物從眼前經過，都應反觀自省，懷海在當下便有所覺悟。

《五燈會元》接著記載：

（懷海）卻歸侍者寮，哀哀大哭。同事問曰：「汝憶父母邪？」師（懷海）曰：「無。」曰：「被人罵邪？」師曰：「無。」曰：「哭作甚麼？」師曰：「我鼻孔被大師（道一）扭得痛不徹。」同事曰：「有甚因緣不契？」師曰：「汝問取和尚（道一）去。」

同事問大師曰：「海侍者（懷海）有何因緣不契？在寮中哭，告和尚為某甲說。」大師曰：「是伊會也，汝自問取他。」同事歸寮曰：「和尚道汝會也，教我自問汝。」師乃呵呵大笑。同事曰：「適來哭，如今為甚卻笑？」師曰：「適來哭，如今笑。」同事罔然。

等懷海回到寮房的時候，悲傷得大哭，同門便問他為何而哭：「你是因為想念父母親所以大哭嗎？」懷海說：「不是的。」同門又問：「是因為被人罵所以哭嗎？」懷海說：「不是的。」同門更不解了：「那你為什麼哭呢？」懷海說：「我的鼻孔被大師捏到痛得不得了。」同門問：「是有什麼因緣不契的地方呢？」懷海說：「你去問大師吧！」於是同門跑去向馬祖請教：「海侍者有什麼因緣不契的地方嗎？他在寮房裡面大哭，讓我來請教您原因。」馬祖說：「這是因為他明白道理了，你回去問問他。」

同門回到寮房說：「大師說你已經明白道理，讓我來問你。」於是懷海呵呵大笑。同門說：「剛才大哭，現在又為什麼笑？」懷海說：「剛才哭，現在笑。」同門茫然不解。

為何百丈懷海又哭又笑呢？哭的原因是因為鼻子被馬祖扭疼了，同時透過大哭將先前的執著妄念傾瀉而出，所以馬祖說「是伊會也」。這意味著百丈懷海經由馬祖對他所做的行為得知，一切的行為與行為的後果均是認識自身的方法；哭泣是真實面對自己因疼痛而產生的情緒表現，不須有所迴避。另一方面，通過同門轉述馬祖的話，百丈懷海知道師父對自己有所認可，所以笑了。

這段證悟自性的過程如人飲水冷暖自知，無法對同門傳達，所以懷海說「適來哭，如今笑」；如果同門希望證悟，則須直面自己的身心狀況，而非從懷海身上尋找答案。

隔天，師徒二人相見，共同印證昨日「野鴨飛過」的體悟，《五燈會元》又載曰：

次日，馬祖陞堂，眾纔集，師（懷海）出卷卻席，祖（道一）便下座，師隨至方丈。祖曰：「我適來未曾說話，汝為甚便卷卻席？」師曰：「昨日被和尚扭得鼻頭痛。」祖曰：「汝昨日向甚處留心？」師曰：「鼻頭今日又不痛也。」祖曰：「汝深明昨日事。」師作禮而退。

隔天，馬祖道一登堂說法，眾僧才剛集合好準備聽法；只見百丈懷海把席子捲起來，退席而出，道一也隨之離開講座，懷海便跟著師父走到方丈室。馬祖問：「剛才我還沒開口說話呢，你怎麼就收了席子離開？」懷海說：「昨天被師父您扭得鼻頭好疼！」馬祖說：「你昨天向什麼地方留心了？」懷海說：「我的鼻頭今天不痛了。」馬祖說：「你已經完全明白昨天的事了。」懷海向師父行禮之後退下。

經過昨天因為野鴨子被扭鼻而開悟之後，百丈懷海體認昨日的鼻子痛已經過去了。因為在昨日「野鴨飛過」的對話中，師父早已宣講佛法了，自己也已經證悟到佛法真義；於是，當師父登堂說法時，他便卷席而出；如果還待在室內，表示自己還停留在昨日尚未證悟的狀態。馬祖進一步問他，是從什麼地方留心，也就是問他實際體會到了什麼；懷海從回答「（昨日）鼻頭痛」到「今日鼻頭不痛」，意思是從悟道的過程到證悟，再到不用過多語言強調證悟的境界，即是已經超越了語言表達的限制。正由於已經獲得馬祖道一認可，百丈懷海便退下了。

一喝三日聾

在「野鴨飛過」的見性後，百丈懷海再次參禮馬祖；這次，馬祖張口叱吒以啟悟弟子。如《五燈會元》所載：

師（懷海）再參，侍立次。祖（道一）目視繩床角拂子，師曰：「即此用，離此用。」祖曰：「汝向後開兩片皮，將何為人？」師取拂子豎起，祖曰：「即此用，離此用。」師挂拂子於舊處，祖振威一喝，師直得三日耳聾。

懷海再去參見馬祖，站立在一旁著伺候。馬祖看著繩床（註一六）角落的拂子，懷海便說：「拿到這把拂子就用，用完就離開。」馬祖說：「你日後張開兩張嘴皮子（兩片皮指嘴唇），打算如何為人宣講佛法？」懷海便取來拂子，把它直豎起來。馬祖說：「拿到這把拂子就用，用完就離開。」接著懷海將拂子掛回原位時，只聽馬祖道一突然大喝一聲，震天撼地，讓懷海足足耳聾三天。

當懷海回答：「拿到這把拂子就用，用完就離開。」表示自己已經領悟了當即就即、當離就離的道理。接著師父問他，日後打算如何為眾說法？只見懷海「取拂子豎起」，意思是「即此用」。馬祖把懷海所說的話原封不動還給他，又說了一次「即此用，離此用」，懷海則把拂子掛回原位，代表「離此用」。懷海「取拂子豎起」，先是執著於「即此用」；「挂拂子於舊處」，則又執著於「離此用」，也就是把「即」、「離」當作分開、對立的兩件事情。

馬祖大聲一喝，目的便是要震碎懷海這個二元對立的念頭，截斷他的妄想；此舉是在用類似當頭棒喝的方式告訴百丈懷海，講說佛法應是不即不離，無需特別即於或離於什麼對象或狀態，如同不用特別掛記拂子該拿起或是放下。馬祖一開始故意看向繩床角落的拂子，當是特意給懷海暗示；沒想到懷海真的落入了分別，以為應該要拿起拂子才能說法；後來經馬祖再次暗示，懷海又以為應該要放下拂子。殊不知，馬祖要表達的是，不論拿不拿拂子都可以說法，不應以為拂子在不在手上才能說法。拂子與懷海的注意力，都有暗示執著某物、想法僵化之類的意思，這當然是修學佛法所要排除的。

宋代普庵印肅禪師有一首詩偈記述了這則公案：「臨時舒卷事幽微，人天交集有誰知；無處用心非即離，一聲雷震動須彌。」一喝三日聾，時至今日依然為人所津津樂道。

懷海在江西的叢林道場中務實安住，在簡潔明快的洪州禪中參究學習；日子一年一年地過去，從二十多歲慢慢步入中年。唐德宗貞元四年（西元七八八年）正月中，馬祖道一登建昌石門山，經過樹林的時候，看到一個平坦的洞壑，便告訴隨侍身旁的弟子：「吾之朽質，當於來月歸茲地矣。」這是道一禪師圓寂前的預告。這年，懷海大約四十歲。

【註釋】

註一：唐武德五年（西元六二二年），改臨川郡為撫州。史書中常交錯使用不同名稱來指稱地名，使行文更為豐富多變。以馬祖道一相關資料為例，虔州、南康、龔公山指的是同一處的弘法區域，臨川、撫州、西里山也是指相同的傳法範圍。

註二：《太平寰宇記》即《寰宇記》。樂史（西元九三〇至一〇〇七年）撰，二百卷，今存一百九十三卷。內容考尋輿地始末，始於東京（汴京，今河南省開封市），迄於四裔，並記人物藝文；因文詞贍實，考證精確，開後世方志之體，書成於宋太宗太平興國年間，故稱《太平寰宇記》。

註三：相傳六祖惠能至曹溪寶林寺登堂說法時，學徒不斷湧入，使原本不大的殿堂及僧舍不敷使用。惠能打聽到寶林寺周遭土地為鄉紳陳亞仙所有，為了擴建寺院，便向陳亞仙化緣，希望「化一個坐具之地」，亦即想求取一塊可以容納坐具（佛教僧侶用具，指鋪在位置上供坐臥使用的布塊）的地方。徵得陳亞仙同意後，惠能打開坐具拋向空中，只見布塊越變越寬大，將寶林寺四周土地全數籠罩進來。

註四：大珠慧海（生卒年不詳），又稱大珠和尚，俗姓朱，建州（今福建省建甌市）人。依越州（今浙江省紹興市）大雲寺道智法師出家，後參謁馬祖道一。《景德傳燈錄》記載其悟道因緣：「祖（道一）曰：『自家寶藏不顧，拋家散走作什麼？我遮裏（這裡）一物也無，求什麼佛法？』師（慧海）遂禮拜問曰：『阿那箇（哪個）是慧海自家寶藏？』祖曰：『即今問我者，是汝寶藏；一切具足，更無欠少；使用自在，何假向外求覓？』師於言下自識本心，不由知覺。」慧海師事道一禪師六年，後回越州侍奉道智法師。其撰有《頓悟入道要門論》一卷，被玄晏私下抄錄，呈送給馬祖道一，道一覽閱後讚曰：「越州有大珠，圓明光透，自在無遮障。」此即大珠和尚名之由來。在馬祖道一的弟子中，現存大珠慧海的語錄較多，僅次於百丈懷海。

學者徐文明於〈馬祖道一生平的幾個問題〉一文指出：「大珠慧海在馬祖門下地位很高，馬祖塔銘首列其名，而《傳燈錄》稱其『初至江西參馬祖』，此中江西應當是對整個江南西道的略稱，包括撫州，並非專門指洪州，故他也有可能是於此時入門。」推測大珠慧海應是馬祖道一於西里山傳法時來歸。

註五：明朝萬曆年間《福州府志．大智禪師本傳》：「大智禪師，長樂人，幼事龍泉禪師。浣巾於井，見二小龍戲水中，以缽探二龍獻於師。師奇之，令削髮遊方，因戒曰：『逢馬則參，逢丈則止。』後至百丈山參馬祖禪得道。」清代乾隆年間的《福州府志》則作：「逢馬則參，臨丈則止。」這裡說懷海是福建長樂人，幼年事奉龍泉禪師（生卒年及事蹟不詳）。某天，懷海在井水中清洗布巾，看到兩條小龍在井中戲水，便用取缽試探，並把兩條小龍獻給師父。這讓龍泉禪師十分驚訝，於是命懷海剃度後雲遊四方，並諄諄告誡：「逢馬則參，逢丈則止。」後來，懷海到百丈山參禮馬祖道一學習禪法，因而悟道。此處事蹟或為地方志的潤色增添，也代表馬祖道一及百丈懷海的影響力。

註六：路嗣恭（西元七一二至七八二年），唐朝大臣，初名路劍客，京兆郡三原縣人（今陝西省咸陽市下轄三原縣）人，因政績優異，唐玄宗賜名「嗣恭」。大曆年間迎請馬祖道一至洪州開元寺，《宋高僧傳》說：「大曆中，聖恩溥洽，（馬祖道一）隸名於開元精舍；其時，連率路公，聆風景慕。」十分支持馬祖道一的弘法。

註七：唐玄宗開元二十六年（西元七三八年），詔令天下州郡各建一大寺，以紀年為寺號，名「開元寺」。

唐宋時代，各地開元寺高僧輩出，最著名者為洪州開元寺的馬祖道一。洪州之開元寺始建於南朝梁，最初稱為上藍院；馬祖道一駐錫時，洪州曾改稱鍾陵，故又稱鍾陵開元寺，為當時名剎，僧俗往來不絕。

開元寺至宋代改稱能仁寺，明代改稱永寧寺，至清代更名為祐清寺（或佑清寺），現為南昌佑民寺。

註八：以上考據，詳見：郭輝圖，〈馬祖道一返蜀的時間、動機及其影響〉；王榮國，〈馬祖道一傳法活動考論〉；以及謝重光，《百丈懷海禪師傳奇》，頁三五。（出處見附錄「參考資料」）

註九：南陽慧忠（生年不詳，卒於西元七七五年），唐代僧人，浙江諸暨人（今浙江省紹興市下轄諸暨市）。慧忠自幼學佛，十六歲至曹溪參禮惠能，受六祖之心印。《宋高僧傳》說他：「少而好學，法受雙峰；默默全真，心承一印。」意指他上承道信、弘忍至惠能之禪法。慧忠離開曹溪後，至五嶺、羅浮、四明、天目等名山遊歷；後至南陽白崖山的黨子谷修行四十餘年，遠近馳名，人稱「南陽慧忠」，或稱「南陽國師」。開元年間，趙頤貞、王琚等官吏上奏朝廷，敕居龍興寺，「由是罷相節使，王公大人，罔不膜拜順風，從而問道。」（《宋高僧傳》）後遇安史之亂，慧忠遁隱。唐肅宗上元二年（西元七六一年），朝廷再詔入京，居千福寺；朝野對慧忠極其推崇，公卿士庶爭來謁見。唐代宗既位後，遷住光宅寺，對其禮遇有加，舉國仰慕。

慧忠受玄宗、肅宗、代宗三朝崇敬，受封「國師」，在京城長安傳法十五年之久；後奏請於武當山立太一延昌寺，又於白崖山黨子谷奏建香巖長壽寺。大曆八年（西元七七三年），慧忠奏度天下名山僧，取明經、律、禪法者。大曆十年（西元七七五年）示寂，謚號「大證禪師」。

慧忠對於南宗禪在京城的弘布傳播有很大的影響力，與行思、懷讓、神會、玄覺等人並稱為六祖門下五大宗匠。慧忠接引學人的方式，有「國師三喚」、「無情說法」、「無縫塔」等著名公案。

註一〇：「禪門九山」為朝鮮佛教宗派名稱，又稱為「九山門」、「九山禪門」、「禪宗九山」。新羅僧人先後至中國學禪，回國後大行教化，逐漸形成宗派，新羅王朝末期已形成八山派；高麗王朝初期，須彌山派成立，總稱「禪門九山」。依序如下：

一、迦智山派：道義於新羅宣德王五年（西元七八四年）來唐，居止三十七年，師事西堂智藏，後又參禮百丈懷海。道義回國後，於全羅南道長興郡迦智山寶林寺弘揚南頓之旨。

二、實相山派：洪陟（又作洪直）於憲德王時期（西元八〇九至八二五年）來唐，從西堂智藏學禪。洪陟回國後，於興德王三年（西元八二八年）開創全羅北道南原郡智異山實相寺，闡揚西堂之禪旨。

三、闍崛山派：梵日於興德王六年（西元八三一年）來唐，從馬祖之門人鹽官齊安，於「平常心是道」一語下大悟；又往參藥山惟儼。文聖王九年（西元八四七年），梵日回國，於江原道江陵郡闍崛山開創崛山寺，為禪門九山中門庭最盛的派別。

四、桐裏山派：慧徹（又作惠哲、慧哲）於憲德王六年（西元八一四年）

來唐，師事西堂智藏。神武王元年（西元八三九年），慧徹回國，於全羅南道谷城郡桐裏山開創泰（太）安寺。

五、聖住山派：無染於憲德王十三年（西元八二一年）來唐，至終南山至相寺學華嚴，後參禮馬祖道一門人佛光如滿、麻谷寶徹，受寶徹印可。無染於文聖王七年（西元八四五年）回國，住於保寧烏合寺，受賜「聖住」，尊為東方菩薩。

六、師子山派：道允於憲德王十七年（西八二五年）來唐，從南泉普願習禪，普願嘆曰：「吾宗之法印，唯歸東國耳。」文聖王九年（西元八四七年），道允回國，住於全羅道雙峰寺，其弟子折中於江原道原州郡師子山創法興寺，道允與折中之法統總稱為師子山派。

七、曦陽山派（又作羲陽山派）：由道憲（又作智詵）所創。道憲並未入唐，早期至浮石山師從梵體，學習華嚴；後從惠隱（神行再傳之法脈）

習禪。道憲於慶尚北道聞慶郡義陽山鳳嚴寺開創此派，曦陽山派為北宗禪其下之法脈。

目前韓國禪宗最早可考者，為法朗及其弟子神行所傳。法朗於貞觀年間來華，參禮四祖道信；神行於新羅恭惠王時期來華參謁志空（為普寂弟子；普寂為神秀法嗣），回國後弘傳北宗禪。神行回新羅後，其下傳遵範、惠隱、道憲。

八、鳳林山派：玄昱（又作玄育）於憲德王十六年（西元八二四年）來唐，嗣馬祖弟子章敬懷暉。回國後，玄昱於慧目山開創高達寺。其弟子審希於孝恭王時期（西元八九八至九一二年）於慶尚南道昌原郡開創鳳林寺，以玄昱為祖。

九、須彌山派：利嚴於真聖王七年（西元八九四年）來唐，師事雲居道膺（為曹洞宗洞山良价之法嗣）。孝恭王十四年（西元九一一年），玄昱回國，奉高麗太祖之命，於黃海道海州郡須彌山開創廣照寺。

註一一：趙州從諗（西元七七八至八九七年），俗姓郝，曹州郝鄉（今山東省荷澤市下轄曹縣）人，一說青州臨淄（今山東省臨淄市）人。幼年出家，後至池陽參謁南泉普願，並嗣其法。唐宣宗大中十二年（西元八五八年），年八十，受邀至趙州觀音院宣法，故稱「趙州和尚」。趙州從諗有許多膾炙人口的公案傳世，例如「狗子佛性」、「吃茶去」、「柏樹子」等。從諗於趙州傳法四十年，乾寧四年（西元八九七年）示寂，世壽一百二十歲，諡號「真際大師」，後人稱之為「趙州古佛」。

註一二：四句分別，梵名 cātuskotika，又作四句、四句法，也就是下列四種思考模式——

第一句，肯定句法：「是A」，例如「有」。

第二句，否定句法：「非A」，通常指A的反面，例如「無」。

第三句，複合肯定句法：「亦A亦非A」，例如「亦有亦無」。

第四句，複合否定句法：「亦非A亦非非A」，例如「非有非無」。

註一三：檀越，為梵文Dānapati之音譯，又作陀那婆、陀那鉢底，意譯為施主、檀越施主、檀主；指以財物、衣食等施與僧眾之人，或出資舉行法會者。

註一四：《聯燈會要》，又名《禪宗聯燈錄》、《宗門聯燈會要》，凡三十卷，為禪宗燈錄。南宋晦翁悟明（生卒年不詳）所編，選錄自《景德傳燈錄》、《天聖廣燈錄》等書，內容如下：

一、卷一至卷二十九前半部分：計收錄過去七佛（毗婆尸佛、尸棄佛、毗舍浮佛、拘留孫佛、拘那含牟尼佛、迦葉佛、釋迦牟尼佛）以迄天童正覺法嗣淨慈慧暉等六百餘人之示眾法語與機緣問答。

二、卷二十九後半部分為〈應化賢聖〉、〈亡名尊者〉，收錄佛陀波利等二十一位應化賢聖，以及二十七位無名尊者。

三、卷三十為〈傅大士心王銘〉等十四篇短文。

註一五：在《祖堂集》中，將此公案歸於百丈惟政；原文為：「有一日，大師領大眾出西墻下遊行次，忽然野鴨子飛過去。大師問：『身邊什摩物？』政上座云：『野鴨子。』大師云：『什摩處去？』對云：『飛過去。』大師把政上座耳拽，上座作忍痛聲。大師云：『猶在這裡，何曾飛過？』政上座豁然大悟。」

學者徐文明曾針對三百丈（百丈懷海、百丈法正、百丈惟政）進行考察，在〈禪宗三百丈大師考〉文中指出，三位百丈在禪史中，往往出現事跡混淆難辨的情況。

註一六：繩床（pītha），又稱胡床、交椅、坐床、坐禪床，比丘十八物之一。為繩製之坐具，用以坐臥。

第四章　百丈開山，獨坐雄峰

師凡作務執勞，必先於眾，主者不忍，密收作具而請息之。師曰：「吾無德，爭合勞於人？」既徧求作具不獲，而亦忘飡（餐）。故有「一日不作，一日不食」之語流播寰宇也。

唐德宗貞元四年（西元七八八年），馬祖道一高齡八十歲。這年正月，道一率眾重遊石門；在石門山境中有座寶峰禪寺，是著名的「馬祖道場」。據〈寶峰禪寺寺銘〉記載：

靖安寶峰，居縣之東；境有泐潭，深邃清澈；石門群山，青翠秀麗。寶峰禪寺，立泐潭之濱，座寶珠峰下。唐天寶年間，水潦和尚來此開山，以潭名寺，曰「泐潭寺」；以山而稱，名「石門山寺」。貞元年間，南天八祖馬祖道一雲遊至此，讚歎洞豁平坦，山水奇勝，決意設立道場，大宏教化。

寶峰寺原名泐潭寺，位於寶珠峰下泐潭之濱，有「石門古剎」之稱。天寶年間（西元七四二至七五六年），水潦和尚（註一）於此地開山，馬祖道一曾雲遊至此設立道場，弘化眾生。馬祖道一在入滅前一個月舊地重遊，預示自己的歸寂之處。

日面佛，月面佛：馬祖坐化

馬祖道一在石門山預告自己的「終焉之地」後，留下最後一個公案。《古尊宿語錄》說：

院主問：「和尚近日尊候如何？」師（馬祖）曰：「日面佛，月面佛。」二月一日，沐浴，跏趺入滅。

有人問他：「師父最近都還好嗎？」馬祖說：「白天對著佛，晚上也對著佛。」若僅看「佛」字，表示馬祖不分日夜地對著佛性，也就是自性，已無對於外在事物的區別。然而，也可從不同角度來理解「日面佛，月面佛」這句話的意義。

《佛說佛名經．卷十七》記載：

有佛名「月面」，彼月面佛壽命滿足一日一夜。……復有佛名「日面」，彼日面佛壽命滿足千八百歲。

由此可知，若是將馬祖之言理解為兩尊佛，則日面佛和月面佛的壽命差異極大，馬祖道一藉「日面佛，月面佛」表示法身慧命的久遠（「日面佛」），同時對比肉體生命的短暫（「月面佛」）；藉此不僅預示自己即將入滅，也代表馬祖對於壽夭生滅的泯然無別。果然，貞元四年（西元七八八年）二月一日（《景德傳燈錄》記為二月四日），馬祖道一沐浴後跏趺端坐，安然而逝。

馬祖道一圓寂之後，唐代〈道一塔銘〉列出十一位（註二）為其治喪的弟子，其中卻並沒有提到百丈懷海，《宋高僧傳》則是扼要地記載：「弟子智藏、鎬英、崇泰等奉其喪紀。」

關於此事，〈懷海碑銘〉是這樣解釋的：「既師大寂（馬祖道一），盡得心印；言簡理精，貌和神峻；睹即生敬，居常自卑；善不近名，故先師碑文獨晦其稱號。」也就是說，懷海由於個性謙卑，行事也並不以追求名聲為目的，所以在先師的碑文中並未列名。

值得思考的是，〈道一塔銘〉並未突出百丈懷海的地位，後世的禪宗史卻強調百丈懷海在馬祖道一門下出類拔萃，這是否為後人的增添美化？身為馬祖道一的弟子，懷海也許當時在眾僧之中地位並非最高；然而，經過時光長河的淘洗，懷海將馬祖道一禪學思想弘傳和發揚，不但超越眾人，影響也更為深遠。

石門守塔，住持寶峰

馬祖道一入滅後，西堂智藏回到開元寺代師開法；其他弟子或四處雲遊行化，或回到原本的寺院繼續修行；百丈懷海則至石門寶峰寺，在道一墓塔旁結茅，為師守塔。

百丈懷海在石門守塔的時間有多久？相關史料中並沒有確切記載。《林間錄》（註三）說：「馬祖大寂禪師已化，塔於海昏之石門，師（百丈懷海）廬其傍；既久，衲子相尋日增。」此處說懷海守塔「既久」，但並未記載實際年限。在守塔期間，許多人慕名來參，問道者不可勝數。耽源應真（註四）曾與懷海在此論道，據《五燈會元》記載：

百丈海（百丈懷海）和尚在汾潭山牽車次，師（應真）曰：「車在這裡，牛在甚麼處？」丈乃斫額，師乃拭目。

百丈懷海在溈潭山拉著車走，見到此景的應真禪師問說：「車子在這裡？牛在什麼地方？」只見百丈懷海把手放在額頭上，而耽源應真擦了擦眼睛。

首先，「車在這裡，牛在甚麼處？」表面上看起來是詢問：車子既然在這裡，拉動車子的牛又在哪邊呢？在佛經中，常以「牛車」來比喻欲度人出三界的菩薩或菩薩道；百丈懷海自己拉車卻不用牛，一方面是代表禪師身體力行，另一方面也意味著「牛」只是假託，真正修行是靠自己而不是靠牛；只要自己如實修行，無處不是菩薩所行走的道路。所以，當懷海「斫額」時，應真馬上領悟，擦了擦眼睛來回應，意指自己已經看清佛法所在。

另據《古尊宿語錄》記載，懷海著名法嗣黃檗希運於此時來參：

師（希運）至南昌，大師（馬祖道一）已遷寂。聞塔於石門，遂往瞻禮。時，百丈大智禪師，廬於塔傍；師（希運）序其遠來之意，願聞平日得力句。百丈乃問：「巍巍堂堂從何方來？」師曰：「巍巍堂堂從嶺南來。」

丈曰：「巍巍堂堂當為何事？」師曰：「巍巍堂堂不為別事。」便禮拜。

黃檗希運抵達江西，原本欲參禮馬祖道一，但馬祖已圓寂；後來聽說祖師塔位建於石門，便前往瞻禮。黃檗希運見到在塔旁結廬的百丈懷海，於是向懷海說明來意，希望懷海傳授平日修行得力之法。百丈懷海便問他：「這位身材雄偉、儀表堂堂的人從什麼地方來啊？」希運說：「是從嶺南來的。」百丈懷海繼續問：「這位身材雄偉、儀表堂堂的人來這裡是為了什麼事？」希運說：「沒有為了什麼別的事而來。」說完後便朝百丈懷海禮拜。

相傳希運身高七尺，相貌異於常人，故百丈懷海以「巍巍堂堂」稱之。雖然希運一開始就「序其遠來之意，願聞平日得力句」，但懷海還是明知故問：「當為何事？」而希運也不直接明答，只說「不為別事」。一個明知故問，一個明知故不答，表示兩人在這一來一往應答間的默契已了然於心，不須再透過語言才能印證；於是，希運對著懷海恭敬禮拜，表示拜師之意。

除此之外，溈仰宗（註五）開創者溈山靈祐，在寒山、拾得（註六）二師的提點下，來到泐潭參謁懷海。《宋高僧傳》云：

入天台，遇寒山子於途中，（寒山）乃謂祐（溈山靈祐）曰：「千山萬水，遇潭即止；獲無價寶，賑䘏諸子。」祐順途而念，危坐以思，旋造國清寺，遇異人拾得；申繫前意，信若合符，遂詣泐潭謁大智師。

靈祐在進入天台山的途中遇到寒山子，他給了靈祐一首偈詩：「千山萬水，遇潭即止；獲無價寶，賑䘏諸子。」靈祐一路思索，常常端坐思考詩句之意。後來靈祐到了國清寺，遇到奇僧拾得禪師，把這件事告訴他，拾得也給出相同的提點，於是靈祐前往泐潭參謁百丈懷海。

詩句中的「千山萬水，遇潭即止」與「石門群山，泐潭之濱」中的寶峰寺相應。靈祐後來深受懷海器重，居參學之首。關於黃檗希運、溈山靈祐等弟子之行誼，將於本書「第二部分：百丈懷海的弟子及其法脈傳承」進行詳細介紹。

蜂湧而至的學人們不遠千里，紛至沓來；石門馬祖墓塔旁，逐漸容納不下這些來自各地的求道者。於是，懷海率眾，準備尋覓一個幽靜的修行之處；遂離開石門，另闢山林。

眾所歸集，駐錫新吳

《林間錄》說：「（懷海）乃泝（沿）馮水而上，至車輪峰之下。與希運、惟政火種刀耕而食，遂成法席。」懷海帶著弟子沿著馮水而上，到車輪峰之下，抵達時屬新吳（約為今日江西省宜春市下轄的奉新縣）的大雄山。這裡距離石門山大約兩百多公里，因為山勢峻峭，雄偉高聳，又稱為「百丈山」。

《江西通志・山川考》說：「百丈山，在南昌府奉新縣西北四十里，馮水倒出，飛下千尺，故名；以其勢出群山，又名『大雄峰』。周迴四十里，唐宣宗嘗潛遊至此。」相傳唐宣宗李忱（西元八一〇至八五九年）於數十年後遊歷至此並留有詩作，名為〈百丈山〉，收錄在《全唐文》中：

大雄真跡枕危巒，梵宇層樓聳萬般；
日月每從肩上過，山河長在掌中看。
仙峰不間三春秀，靈境何時六月寒；
更有上方人罕到，暮鐘朝磬碧雲端。

在詩句中，能看到李忱對大雄山雄偉高聳的稱頌，讚歎此處是絕佳的修行之地。

〈懷海塔銘〉說：「伊蒲塞游暢、甘貞請施家山，願為鄉導。」伊蒲塞（upāsaka）是優婆塞的異譯，意指受過五戒的男子。在游暢、甘貞兩位居士施捨自家的山地、並擔任嚮導的情況下，懷海師徒齊心協力，開荒闢建。因為居於百丈山的緣故，人們便稱懷海為「百丈禪師」。

〈懷海塔銘〉說馬祖道一過世後，向懷海求法的人絡繹不絕，蔚為盛況：「由是齊魯燕代，荊吳閩蜀，望影星奔，聆聲飆至；當其飢渴，快得安穩；超然懸解，時有其人。」於是百丈懷海「補次師位，重宣上法」，在眾望所歸下，僧眾和山門日益龐大。

馬祖建叢林，百丈立清規

然而，從禪宗初期直到發展於此，叢林裡對於僧團修行及生活儀軌，尚未制定相關的規約或制度，是到了百丈懷海才進行創制；這不但是禪宗史上的創舉，更受到後世的推崇和遵奉。元朝國子博士黃溍曾說：「佛之道以達摩而明，佛之事以百丈而備。」

唐代對於僧眾的管理，是由官方設立僧籍，僧尼受戒後給予度牒並禁止私度；禪僧們大多住在律寺，或居於巖穴之中。多數禪僧所住的律寺裡，亦有義學、律學等僧侶，彼此修行方式並不相同，難免會產生齟齬。《景德傳燈錄・卷六》「百丈懷海傳」附錄的《禪門規式》說：

百丈大智禪師，以禪宗肇自少室（菩提達摩），至曹溪（六祖惠能）以來，多居律寺，雖列別院，然於說法、住持，未合規度；於是創意，別立禪居。

從東土初祖菩提達摩到三祖僧璨，大多過著居無定所的「頭陀禪」生活。禪宗叢林的發端，是自四祖道信「雙峰山」建寺為始，寺中有五百人；五祖弘忍法門大開，在馮茂山立「東山寺」；六祖惠能弘化宣法所居寺院皆屬官方敕修；惠能法嗣南嶽懷讓，則在湖南建有觀音院一處。禪宗叢林的廣建，首推馬祖道一；除了福建建陽佛跡嶺道場之外，江西至今仍然保存或有遺跡可考的相關道場遺址有二十八處。

百丈懷海繼承師志，在叢林道場之中制定僧團必須遵守的儀規，此為禪宗清規之始，故有「馬祖建叢林，百丈立清規」的美稱。

在創立新規時，懷海不沿循小乘經律，也不依隨大乘戒律。懷海說：

佛祖之道，欲誕布化元，冀來際不泯者。豈當與諸部阿笈摩教為隨行耶？或曰：「《瑜伽論》、《瓔珞經》是大乘戒律，胡不依隨哉？」師曰：「吾所宗，非局大小乘，非異大小乘。當博約折中，設於制範，務其宜也。」（《景德傳燈錄》）

文中之「阿笈摩」，為梵語 āgama 之音譯，即是「阿含」。《阿含經》有四部，即《增一阿含經》、《長阿含經》、《中阿含經》與《雜阿含經》，屬「聲聞乘」、「小乘教」。有人問懷海，為何不依隨《瑜伽論》（註七）、《瓔珞經》（註八）等大乘戒律？

懷海表示，規約的要旨，並非局限在大小乘，也不是要違背大小乘的戒律，而是要使內容既廣博又言簡意明、不偏頗，致力讓新規範可以更為適切。由此可以看出百丈懷海的創立新意，不被既有經律束縛，而訂立出更適合叢林生活的規範。

然而，制定規式是否和禪宗「不立文字」的精神相違背？事實上，所謂「不立文字」並非是廢棄文字。真正的佛法妙理當然不該只是注重文字，而是要透過實踐與修行去體會深刻之處；但「文字」是一種善巧方便，行事規範的準則訂立，重點亦是在於修行實踐。

原始佛教僧人多透過乞食於人的方式來滋養色身，又稱為「托缽」，屬於十二頭陀行（註九）之列，具有自利、利他的意義與價值。此外，《佛遺教經》（註一〇）指出：「持淨戒者，不得販賣貿易，安置田宅，畜養人民、奴婢、畜生；一切種植及諸財寶，皆當遠離，如避火阬；不得斬伐草木，墾土掘地。」沙門必須遵行「正業」，遠離貿易、耕種等活動，因此多數僧人並不參與經濟生產。然而，禪宗到了四祖道信實行農禪並舉，其後的祖師們也延續這樣的修行方式。

道信、弘忍勞動作務的生活，在同時代即有批評的聲音。道宣律師（註一一）在《續高僧傳．習禪篇》說：「排小捨大，獨建一家；攝濟住持，居然乖僻。」這裡說禪宗既非大乘也非小乘，是獨創的宗派；由於種種規範都是自行訂立的，在護持佛法和攝濟眾僧方面，容易流於乖張偏執。除此之外，《續高僧傳》也批評禪僧違反宿食戒（註一二）：「復有相迷同好，聚結山門；持犯蒙然，動掛形網；運斤揮刃，無避種生；炊爨飲噉，寧慚宿觸。」這是說禪僧聚集叢林，蒙昧違戒；伐木開墾毀壞生物，甚至大肆炊煮食物；如此違犯種種戒律，卻不感到慚愧。

這些不受初唐道宣律師認可的行為，卻是百丈懷海在中唐時期肇創新規的基礎。有人曾經問過百丈懷海，耕種時的勞動，是否會因為殺生而獲罪報？據《古尊宿語錄》的記載，懷海禪師是這樣認為的：

問：「斬草伐木、掘地墾土，為有罪報相否？」

師（百丈）云：「不得定言有罪，亦不得定言無罪；有罪無罪，事在當人。若貪染一切有無等法，有取捨心在，透三句不過，此人定言有罪；若透三句外，心如虛空，亦莫作虛空想，此人定言無罪。」

（百丈）又云：「罪若作了，道不見有罪，無有是處；若不作罪，道有罪，亦無有是處。如律中本迷煞（殺）人，及轉相煞（殺），尚不得煞（殺）罪；何況禪宗下相承，心如虛空，不停留一物，亦無虛空相，將罪何處安著？」

有人問懷海：「斬草伐木、挖地開土，這是否有罪報？」百丈懷海回答說：「這不能定言有罪，也不能定言為無罪；有罪或無罪，這須取決於當事人用什麼心態看待事物。若是貪染執取於一切事物的『有』、『無』兩邊，尚有貪著取捨之心，便是沒有透脫『三句』，這人就是有罪的；如果能透脫『三句』，心如同虛空，能夠容納的範圍廣大寬闊而無邊際，與此同時，也不認定或執著於虛空，這樣的人就是無罪的。」

百丈懷海所說的「三句」，可以從《金剛般若波羅蜜經》（《金剛經》）對於名相的破除，以及佛陀自《阿含經》開始便經常說的「初善」、「中善」與「後善」來看。

《金剛經》中為人所熟知的「佛說般若波羅蜜，即非般若波羅蜜，是名般若波羅蜜」、「所言一切法者，即非一切法，是故名一切法」等語，可以分做三個層次來看。第一個層次是借用「般若波羅蜜」、「一切法」等概念，以便於日常溝通與說法之用；在第二個層次，需要了解到的是所有概念所指涉的對象，皆非對象的全部內容，而是被概念所限定的部分意義而已；第三個層次則是在第二個層次之後，清楚地認知到概念的局限，但又能妥善地運用概念以盡可能表達概念所指涉的對象，使對象的意涵能夠充分地被理解。扼要言之，即是既使用語言文字表達意義，又不被語言文字所限定。

在《阿含經》中即常以「初、中、後善」表示說法的開始、過程與結尾均透徹表達佛法的深意，整個內容充實，聽聞者受惠。例如，《雜阿含經》說佛陀：「為世說法，初、中、後善，善義、善味，純一滿淨，梵行清白，演說妙法。」

再看《古尊宿語錄》的記載：

夫教語皆三句相連，初、中、後善。初，直須教渠發善心；中，破善心；後，始名好善，菩薩即非菩薩、是名菩薩，法非法、非非法。

亦即，教人要發菩提心，這是初善；破除對於善心的執著，此為中善；至於後善，則在於能夠明白「菩薩即非菩薩，是名菩薩；法非法，非非法」的道理，透顯佛法的真義，此方為至善。

由此可知，百丈懷海所說的「三句」，應是融合了大小乘教法之後，以此闡述佛法的深意；這也顯示出，其以大小乘教法為依據，不將兩者視為對立或者有所偏頗，而是適當地擷取兩者所長之後，再以不貪染執著的態度看待世間的事物。

於是懷海接著說：「如果一個人犯了罪，卻說自己看不見罪過，這是沒有道理的；如果一個人沒有犯罪，卻硬要說自己有罪，也不存在這樣的情況。就好比，合律而殺生，或是在不經意中輾轉、間接殺生（例如斬草伐木、挖地開土），尚且不能算是犯了殺生罪；更何況禪宗所傳的，『心』如虛空，沒有什麼東西停留於其中，連虛空本身都是虛妄的概念（「亦無虛空相」），所謂的『罪』要放在什麼地方呢？」

這裡說「心如虛空，不停留一物」意思心中不起任何雜念、殺念，任何念頭都不會生起，更無所謂罪過的想法。這當然不是指故意犯錯後刻意將錯誤視而不見，而是在日常勞作中，或許會因為翻土挖地而不小心殺害蟲子或微生物，這樣的行為並不違背「不殺生戒」（註一三）；是故，無須糾結於這些尋常行為所造成的結果，以免徒生煩惱。百丈懷海認為，守戒律真正的精神在於「心」，伐木耕地在禪宗的角度亦是修行，於是藉由「三句」之說，表明斬草伐木、挖地開土的行為並無罪過。

《釋門正統》（註一四）云：「元和九年（西元八一四年），百丈懷海禪師，始立天下叢林規式，謂之清規。」然而，〈懷海塔銘〉及《宋高僧傳》皆記載百丈懷海卒於「元和九年正月十七日」，故引文中說清規為「元和九年」創立，此說有待商榷。

我們或可推測，「清規」是百丈懷海自立開山後，逐步草創而成，故將〈清規〉建立年代推定為唐代貞元至元和年間為宜。

一般將百丈懷海訂立之「禪門規式」稱為「古清規」，今已失傳，後世流傳的《敕修百丈清規》為元代德輝所編。關於「清規」的名稱、版本、內容及影響，將在本書第二部分詳細介紹。

一日不作，一日不食

除了清規之外，百丈懷海還有廣為流傳的〈百丈大智禪師叢林要則二十條〉（下稱〈叢林要則〉），受到歷代僧眾的推崇和奉行。〈叢林要則〉文字簡潔、明確，內容涵蓋叢林建設、修行精進、處事原則及待人之法，蘊含著圓融的智慧——

叢林以無事為興盛，修行以念佛為穩當。
精進以持戒為第一，疾病以減食為湯藥。
煩惱以忍辱為菩提，是非以不辯為解脫。
留眾以老成為真情，執事以盡心為有功。
語言以減少為直截，長幼以慈和為進德。
學習以勤習為入門，因果以明白為無過。

老死以無常為警策，佛事以精嚴為切實。
待客以至誠為供養，山門以老舊為莊嚴。
凡事以預立為不勞，處世以謙恭為有理。
遇險以不亂為定力，濟物以慈悲為根本。

百丈懷海在大雄山所創立的禪門新規，隨著時間慢慢成為天下禪門效法的行事準則與生活風格。《宋高僧傳》說：「天下禪宗，如風偃草；禪門獨行，由海之始也。」所謂的叢林風範，也展現於百丈懷海親力親為的實行中。《五燈會元》記載：

師凡作務執勞，必先於眾；主者不忍，密收作具，而請息之。師曰：「吾無德，爭合勞於人？」既徧求作具不獲，而亦忘湌（餐）。故有「一日不作，一日不食」之語，流播寰宇也。

百丈懷海在領眾修行之外，每天躬身踐行，率先眾人執行勞務。弟子不忍心看著年邁的師父負重辛勞，便偷偷把鋤頭、扁擔等農作工具藏了起來，希望師父因此停止出坡（註一五）。沒想到百丈懷海卻說：「我這樣不合規矩啊！怎麼可以只讓其他人勞作呢？」接著到處尋找作具，但找也找不到，沒有勞動的百丈也就不吃飯了。因此，叢林便有了「一日不作，一日不食」之說，逐漸廣為流傳。

百丈懷海親自示範「上下均力」的原則，不論砍柴挑水、穿衣吃飯，種種日常的勞動，無一不是修行。

【註釋】

註一：水潦和尚為馬祖道一法嗣，生卒年不詳。《五燈會元・卷三》載其悟道因緣：「（水潦）初參馬祖，問曰：『如何是西來的的意？』祖曰：『禮拜著！』師纔禮拜，祖乃當胷（胸）蹋倒，師大悟。起來拊掌，呵呵大笑曰：『也大奇！也大奇！百千三昧無量妙義，祇向一毫頭上，識得根源去。』禮謝而退。」這裡說水潦和尚初次參禮馬祖道一的時候，向師父詢問：「達摩祖師來到中土傳法，所傳是何意旨？」引文「西來的的意」中，「西來的」用來指達摩祖師，第二個「的」為介詞，亦即「之」。馬祖道一要水潦和尚行敬拜禮，而水潦才剛禮拜，卻被馬祖道一突如其來對著胸口踢了一腳，他當下豁然大悟！於是起身邊拍手邊呵呵大笑地說：「太奇妙了！無盡的百千法門、無量佛法妙義中原來都在自己身上啊！（祇向一毫頭上，識得根源去）」說完之後禮謝後便告退了。

註二：〈道一塔銘〉原文所載十一位治喪弟子：「唐沙門惠海、智藏、鎬英、誌賢、智通、道悟、懷暉、惟寬、智廣、崇泰、惠雲等，體服其勞，心通其教。」

註三：《林間錄》全稱為《石門洪覺範林間錄》，凡二卷，宋代慧洪禪師（西元一〇七一至一一二八年）所撰。慧洪又名惠洪、德洪，字覺範，號寂音，被稱為寂音尊者、覺範慧洪，為臨濟宗黃龍派傳人。《林間錄》內容為慧洪與林間勝士（對持戒者的尊稱）所談內容，包含諸佛精旨、禪門尊宿行誼、叢林遺訓以及賢士大夫餘論等。慧洪另著有《林間後錄》一卷，又作《林間錄後集》、《新編林間後錄》，內容為慧洪所作之贊、偈、銘、並序等。

註四：耽源應真（生卒年不詳），曾受業於馬祖道一，後為國師南陽慧忠侍者，為其法嗣。由於居住在吉州耽源山，故稱為「耽源應真」。應真著名弟子有仰山慧寂，慧寂為沙彌時曾參謁之。

註五：溈仰宗為禪宗「五家七宗」之一，以溈山靈祐及仰山慧寂為宗師，取

「溈」、「仰」二字，故稱「溈仰宗」。溈仰宗為禪宗五家中最早開宗，興盛於晚唐五代，至宋朝逐漸衰絕，流傳約一百五十年。《五家宗旨纂要》云：「溈仰宗風，父子一家；師資唱和，語默不露。明暗交馳，體用雙彰；無舌人為宗，圓相明之。」其接機方式或是用溫和的暗示，或是用明似爭論實為默契的方式來教化，常以九十七種圓相接引學人。

註六：寒山，生卒年不詳，唐代僧人。其生平活動年代亦有多種說法，有謂為唐太宗貞觀年間（西元六二七年至六四九年）人，一說唐玄宗先天年中（西元七一二年八月至七一三年十一月）人，另說其為唐憲宗元和年中（西元八〇六年至八二〇年）人。關於寒山的鄉貫、姓氏皆不詳，據《太平廣記》記載：「寒山子者，不知其名氏。大曆中，隱居天台翠屏山；其山深邃，當暑有雪，亦名寒岩，因自號寒山子。」

寒山時常往來於國清寺，行跡怪誕近於顛狂；用樹皮做帽子，衣衫襤褸；或長廊唱詠，或村野歌嘯。其愛好吟詩唱偈，內容常契於佛理。寒山的詩作被認為與唐初白話詩人王梵志一脈相承，現存三百餘首詩作，後人輯有《寒山子詩集》，《全唐詩》編卷（卷八〇六）、《四庫全書》亦收錄之。

相傳寒山與拾得在貞觀年間至蘇州「妙利普明塔院」住持，寺院遂改名為「寒山寺」。寒山作品於元代傳入日本、朝鮮，後翻譯流傳至世界各地，影響深遠。

拾得，生卒年不詳，唐代僧人，籍貫、俗姓皆不詳。相傳天台山豐干禪師行經赤城（約為浙江天台西北方向）途中偶遇，聽聞嬰兒啼哭，便帶至國清寺撫養；因為這嬰兒是撿來的，於是稱其為「拾得」。拾得長大後擔任食堂香燈之職。某天，他登座對著佛像吃飯，突然轉頭對著憍陳如尊者（梵名Ajñāta Kauṇḍinya，為佛陀於鹿野苑所度五比丘之一）的塑像說：「你這個小果聲聞！」邊說邊笑，旁若無人。於是被其他僧人驅趕，罷除原本職務，改到廚房勞務。

拾得平日狀類顛狂，和寒山是好朋友，常收集剩菜剩飯裝入竹筒；每次寒山來訪，都會拿著竹筒離開。因兩人至交，民間將寒山、拾得合稱「和合二仙」，而供奉之。

相傳拾得為普賢菩薩之化身，與豐干（彌陀化身）、寒山（文殊化身）合稱「三隱」；由於三人都隱棲在天台山國清寺，故又稱「國清三隱」。

註七：《瑜伽論》全名為《瑜伽師地論》（Yogāoāryabhāmi-śāstra），又稱《十七地論》、《瑜伽論》。《大唐西域記》云：「無著菩薩夜昇天宮，於慈氏菩薩所受《瑜伽師地論》、《莊嚴大乘經論》、《中邊分別論》等，晝為大眾講宣妙理。」意指《瑜伽師地論》是無著菩薩（Asaṅga），升登夜摩天兜率天宮（Tuṣita），聽受彌勒菩薩說法，因而傳下的著述。其廣釋瑜伽師所依所行之十七地，故又稱《十七地論》，是瑜伽行派遵行的根本論點。

全書分為五分：

（一）本地分：廣說瑜伽禪觀境界十七地之義，為百卷中之前五十卷，是本論的主要部分。

（二）攝決擇分：顯揚十七地之深義，為其次的三十卷。

（三）攝釋分：解釋諸經之儀則，為卷八十一、卷八十二。

（四）攝異門分：闡釋經中所有諸法之名義差別，為卷八十三、卷八十四。

（五）攝事分：明釋三藏之要義，為最後之十六卷。

《瑜伽師地論》梵文原本，直至西元一九三六年，由印度羅睺羅於西藏薩迦寺發現後，錄寫歸國，接著陸續刊印；在此之前，印度只有〈菩薩地〉部分梵文本。漢譯本以玄奘於貞觀二十二年（西元六四八年）譯成《瑜伽師地論》一百卷最為著名。玄奘之前已有部分的漢譯，如北涼曇無讖譯《菩薩地持經》十卷、南朝宋求那跋陀羅譯《菩薩戒經》九卷、南朝陳真諦譯《決定藏論》三卷等。

註八：《瓔珞經》全名為《菩薩瓔珞本業經》（Bodhisattva keyūra mūla karma sūtra），又稱《瓔珞本業經》，或簡稱《瓔珞經》、《本業經》，竺佛念譯於姚秦建元十二至十四年（西元三七六至三七八年），凡二卷。經文敘說菩薩階位及其三聚淨戒等之因行。「瓔珞本業」乃華嚴系統之用語，故本經與華嚴之教相合之處甚多，尤以立「十信」、「十住」、「十行」、「十迴向」、「十地」、「無垢地」、「妙覺」等五十二位菩薩行位而有名。全經分八品：〈集眾品〉、〈賢聖名字品〉、〈賢聖學觀品〉、〈釋義品〉、〈佛母品〉、〈因果品〉、〈大眾受學品〉與〈集散品〉，以闡述菩薩之階位及修行。

在〈大眾受學品〉敘說「三聚淨戒」，以八萬四千法門作「攝善法戒」；以慈、悲、喜、捨四無量心作「攝眾生戒」；以十波羅夷作「攝律儀戒」（此十波羅夷與《梵網經》之十重戒相同）。《瓔珞經》受《梵網經》影響甚深，其三聚淨戒之內容，均屬大乘戒。特點在於菩薩戒有受法而無捨法，一得永不失；即使犯波羅夷戒，亦不失戒體，並主張戒以心為體。

有學者考證，《瓔珞經》在印度並無史實根據，於中土自《法經錄》以來之一般經錄，皆載為姚秦之譯經家竺佛念所譯。然而，《出三藏記集》之譯經部分則無本經之名，而將之列於失譯雜經錄之中；《歷代三寶記》載本經除竺佛念譯之外，尚有宋代智嚴所譯。而近代有學者根據譯者之不確定，並經由經文之分析，主張《瓔珞經》乃佛教傳入漢地之後所撰述。

註九：頭陀（dhūta），又作杜荼、杜多，為苦行之意。為修煉身心，去除塵垢煩惱，於日常生活有十二種規定，故稱「十二頭陀行」，又作十二誓行、十二杜多功德、頭陀十二法行。

十二頭陀行包含：

（一）在阿蘭若處：遠離世人聚落，居處於空閑寂靜處。

（二）常行乞食：於所得之食不生好惡念頭。

（三）次第乞食：又作「不擇家食」，行乞食時沿門托鉢，不擇貧富之家，次第行步乞食。

（四）受一食法：一日僅受一食，以免數食妨礙一心修道。

（五）節量食：於一食中節制其量，鉢中只受一團飯，不過量飲食；若恣意飲啖，將使腹滿氣漲，妨損道業。

（六）中後不得飲漿：即過中食後不飲漿；若飲之心生樂著，不能一心修習善法。

（七）著弊衲衣：穿著陳舊或破損布料作為衲衣；若貪新好之衣，將生惱致罪。

（八）但三衣：除了「安陀會」（貼身衣，用於日常勞務或就寢時）、「鬱多羅僧」（上衣，禮拜聽法、聽戒時加披於貼身衣外）與「僧伽梨」（外套，外出托缽、大眾集會或說法教化時著之）三衣外，沒有多餘衲衣。

（九）塚間住：即住於墓地，修無常、苦、空之觀，以厭離三界。

（十）樹下止：效佛所行，至樹下思惟求道。

（十一）露地住：即坐戶外的空地，使心明利，以入空定。

（十二）但坐不臥：若安臥，慮諸煩惱賊常伺其便。

註一〇：《佛遺教經》全名《佛垂般涅槃略說教誡經》，又作《佛臨涅槃略說教誡經》、《佛垂涅槃教誡經》、《佛遺教經》、《遺教經》。一卷，姚秦鳩摩羅什譯。為佛陀入涅槃前對弟子的最後說法。

註一一：道宣律師（西元五九六至六六七年），唐代律僧；俗姓錢，字法遍，吳興長城（約為今浙江省湖州市下轄長興縣）人，一說江蘇潤州丹徒人。曾隨日嚴寺慧頵、大禪定寺智首修學，後在終南山倣掌谷營建白泉寺。道宣曾參與玄奘譯經工作並負責潤飾經文；其嚴守戒品，深好禪那修行。唐高宗顯慶三年（西元六五八年），奉敕任西明寺上座；不久後，撰《釋門章服儀》、《釋門歸敬儀》等。龍朔二年（西元六六二年），唐高宗下達〈命有司議沙門等致拜君親敕〉，道宣與威秀等人上書力爭。乾封二年（西元六六七年）二月，在淨業寺創立戒壇，成為後世建築戒壇之法式，同年十月入寂，謚號「澄照」。

道宣最大的貢獻在於律學與佛教史，被視為唐代律宗南山宗開創者，世稱「南山律師」。所著《四分律刪繁補闕行事鈔》、《四分律含注戒本疏》、《四分律刪補隨機羯磨疏》、《四分律拾毗尼義鈔》及《四分比丘尼鈔》被稱為「律學五大部」。

其佛教歷史相關著作有：《續高僧傳》、《廣弘明集》、《大唐內典錄》、《釋迦方志》，編集《古今佛道論衡》，皆為後世治學的重要參考書籍。

註一二：「宿食」指隔夜之食物。《十誦律．卷四》：「噉宿食、不受食、不受殘食法，廣問如上種種惡不淨事。」依戒律，僧人有禁食宿食之戒，稱為「食殘宿戒」。

註一三：佛教僧侶與在家眾的戒律都是以五種制戒（五戒）為基礎，即不殺生、不偷盜、不邪淫、不妄語與不飲酒。

註一四：《釋門正統》，初名《天台宗元錄》，北宋政和年間（西元一一一一至一一一七年）元穎撰，「始自正像統紀，終於教藏目錄」，記述天台宗源流及歷代傳承。南宋慶元年間（西元一一九五年至一二〇〇年），吳克己（字復之，號鎧庵）對《天台宗元錄》進行增廣，成《釋門正統》一書，分為紀運、列傳、總論三科，未竣而歿。嘉定年間（西元一二〇八年至一二二四年），景遷（號鏡庵）取《天台宗元錄》、《釋門正統》選擇編次，增立新傳六十餘人，名為《宗源錄》。嘉熙初年（西元一二三七年），宗鑒就吳克己所編之《釋門正統》擴充為八卷，分本紀、世家、諸志、列傳與載記五科，仍稱《釋門正統》，為後來志磐《佛祖統紀》之基礎。《釋門正統》是天台宗之記傳史，闡明天台宗為釋門之正統，收於《卍續藏》第一三〇冊。

註一五：出坡又稱為「普請」，意指於禪林從事作務勞役時，普皆請求大眾，上下合力。〈古清規序〉云：「行普請法，上下均力。」亦即不論長幼大小、地位高低，都要齊心出力參與勞務。據日本僧人圓仁《入唐求法巡禮行記》記錄在唐之見聞，其中可見普請制度在唐代即行於各地。例如，卷二提到：「廿八日，始當院收蔓菁蘿蔔；院中上座等，盡出揀葉；如庫頭無柴時，院中僧等，不論老少，盡出擔柴去。」不論是收穫農作、揀葉、砍柴等，不分老少皆參與其中。

第五章　機鋒變化，直指人心

檗曰師（百丈）：「……今日因和尚舉，得見馬祖大機大用，然且不識馬祖；若嗣馬祖，已後喪我兒孫。」師曰：「如是，如是。見與師齊，減師半德；見過於師，方堪傳授；子甚有超師之見。」檗便禮拜。

百丈懷海以靈活的方式教導弟子，通過暗示、隱喻、反詰等妙語啟迪門徒；在曲折間接的機緣問答中打破執著、消融疑惑，進而見性、悟道。本章將介紹百丈懷海的數則公案，來了解禪師的應機施教。

黃檗吐舌

馬祖道一曾張口叱吒，震得百丈懷海耳聾三日，這是用當頭棒喝的方式來截斷懷海的妄念。（詳見本書第三章〈江西參學，馬祖啟導〉中「一喝三日聾」之介紹）道一禪師當年的當頭棒喝，也成為弟子黃檗希運開悟之因緣。《古尊宿語錄》記載：

一日，師（百丈懷海）謂眾曰：「佛法不是小事，老僧昔被馬大師一喝，直得三日耳聾。」黃檗聞舉，不覺吐舌。

師曰：「子以後莫承馬祖去麼？」檗曰師：「不然。今日因和尚舉，得見馬祖大機大用；然且不識馬祖，若嗣馬祖，已後喪我兒孫。」

師曰：「如是，如是。見與師齊，減師半德；見過於師，方堪傳授；子甚有超師之見。」檗便禮拜。

有一天，百丈懷海告訴眾人：「佛法不是小事，過去我向馬祖參問，曾被馬祖叱喝；這一喝，震得我耳聾三天。」聽到懷海禪師這樣說，黃檗希運不自覺地吐了吐舌頭。百丈問：「你以後不也是要承嗣馬祖所傳之法嗎？」接著黃檗希運告訴師父：「並非如此啊！今日聽到師父您說的話，使我得以見識馬祖的大機大用；所幸我並沒有親炙馬祖，若是繼承馬祖之法，可能會讓我斷子絕孫啊！」百丈說：「沒錯！身為弟子，如果見地和師父完全一樣，則將只有師父的一半成就；弟子的見地能超過師父，這樣才值得傳授！你或許已經超越為師的見地了。」聽到師父的稱許之後，黃檗希運便朝著百丈禮敬叩拜。

透過百丈懷海的舉例，黃檗希運對「一喝三日聾」有所領悟，日後亦可傳授馬祖道一之禪法，所以百丈懷海問：「子以後莫承馬祖去麼？」黃檗希運告訴師父「不然」，並慶幸自己「不識馬祖」。「不識馬祖」有兩層意思，一是表示自己透過師父所說的禪機，見識到馬祖大機大用的智慧，但仍然不算見到馬祖禪法的全貌；另一層涵義是指，祖師的見地不等同於自己的見地。真正的修行不是複製或重述前人的見地，重要的是要能自己去體會與認識到佛性；若是拘泥於前輩的教法，而忽略自己證悟的佛法內涵，即便法脈流傳，也將成為固定的教條而危害後世。所以黃檗說「喪我兒孫」，也就是指因襲舊法將導致後代弟子受害。

百丈懷海稱許黃檗希運的智慧不凡，以「見與師齊，減師半德；見過於師，方堪傳授」來表達對黃檗的欣賞；意指弟子不固執於持守師家之見解，並予以超越，這樣佛法才能真正的廣布和傳衍。這段話多次出現於後世禪師的機緣語句中（註一），寓含師父對弟子青出於藍而勝於藍的讚賞和肯定。另一例為，百丈懷海弟子溈山靈祐對於仰山慧寂之嘉許：

師（臨濟義玄）一日辭黃檗；檗問：「什麼處去？」師云：「不是河南，便歸河北。」黃檗便打，師約住與一掌。黃檗大笑，乃喚侍者：「將百丈先師禪版、機案（註二）來。」師云：「侍者，將火來。」黃檗云：「雖然如是，汝但將去，以後坐卻天下人舌頭去在。」

後溈山問仰山：「臨濟莫辜負他黃檗也無？」仰山云：「不然。」溈山云：「子又作麼生？」仰山云：「知恩方解報恩。」溈山云：「從上古人還有相似底也無？」仰山云：「有，只是年代久遠，不欲舉似和尚。」溈山云：「雖然如此，吾亦要知，子但舉看。」仰山云：「只如楞嚴會上，阿難贊佛曰：『將此深心奉塵剎，是則名為報佛恩。』豈不是報恩之事？」溈山云：「如是、如是！見與師齊，減師半德；見過於師，方堪傳授。」

上述對話出自《古尊宿語錄》。有一天，臨濟義玄向黃檗希運辭別，黃檗問他：「你要到什麼地方去？」臨濟說：「不是去河南，就是到河北。」話一說完，黃檗便打臨濟，臨濟擋下師父並回予一掌。黃檗大笑，接著呼喚侍者：「把百丈先師的禪版和機案拿來！」臨濟說：「侍者，拿火來！（意欲把禪版和機案給燒掉）」黃檗說：「雖然如此，你還是把這些東西拿去吧！日後用來止住天下人的舌頭！」

臨濟回答黃檗：「不是河南，便歸河北。」表面上看起來只是指向不同的地方，但這裡的意思是指任何地方都可以前去；臨濟心中沒有一個固定要前往的地方，亦即沒有分別之心，自由無礙而不執著，這是呈現佛法無所住的精神。黃檗接著作勢要打臨濟；這裡的「打」，象徵交付禪法，蘊含要其承擔之意，而非世俗以為的打罵；臨濟則制止師父並反手回給一掌，表示已經直下承擔。接著，黃檗喚侍者取來百丈禪師的禪版與機案，期許臨濟繼續弘傳先師之法；沒想到臨濟要侍者拿火來，意為要把禪版與機案燒掉。臨濟此舉要表達的意思是，慧命的傳承無需仰賴實體信物的承接。雖然如此，黃檗要臨濟還是把這些信物拿著，目的是為了「坐卻天下人舌頭去在」；「坐卻」，意指停止、斷絕，成語「坐斷舌頭」即出於此處。黃檗讓臨濟承接百丈懷海留下的信物，一來能讓人們確信其所傳的禪法其來有自，二則表示截斷天下人搬弄禪法的無用言語。

《古尊宿語錄》在黃檗希運與臨濟義玄這則對話的後半部分，接續記錄著溈山靈祐與仰山慧寂的對話。溈山問仰山：「臨濟是不是辜負他的師父黃檗了呢？」仰山說：「他並沒有辜負。」溈山說：「你是如何看待這件事情呢？」仰山說：「臨濟能明白師父的恩德，並且也懂得報恩。」溈山接著問：「古時候也有像這樣臨濟這樣的人嗎？」仰山說：「有的，只是年代久遠了，就不為您舉例了。」溈山說：「雖然年代久遠，但我也想知道，你試著說說看。」仰山云：「在《楞嚴經》（註三）中，阿難（註四）禮敬佛陀：『將此深心（註五）奉塵剎，是則名為報佛恩。』這不就是報恩嗎？」

仰山引《楞嚴經》中阿難的話為喻，表示臨濟並未辜負黃檗；事實上，當初五祖弘忍將衣缽傳給六祖惠能時，便告知袈裟傳至惠能為止。臨濟不接「信物」，但承接了續佛慧命的責任；他知道，師徒之間真正的傳承，不只是身、語、意的引導，更重要的是通過以心印心來傳承佛法真意。仰山能看出這層道理，所以用阿難為例來解釋臨濟的行為，這樣的見地令師父溈山十分激賞。

不道飢飽

百丈懷海常以尋常可見之事來比喻修行，因為修行可在日常生活中實踐，日常生活就是修行，並非截然二分。

例如，用「吃飯」來啟發學人，不但能引發思考，也更為親切。《古尊宿語錄》云：

師（百丈）謂眾曰：「有一人，長不吃飯不道飢；有一人，終日吃飯不道飽。」眾無對。

百丈懷海對眾人說：「有一個人，長期沒吃飯也不覺得飢餓；有一個人，整天都在吃飯也不覺得飽足。」眾人聽了無言以對。這則公案或可理解為是將兩種不同的人對比：「長不吃飯不道飢」用來比喻不懂佛法的人；因為不知道佛法的益處，不懂得透過修行來滋養身心，也不明白佛性有何作用，所以說不吃飯卻也不覺得飢餓。「終日吃飯不道飽」則是比喻已見佛性之人，佛性能生起一切智慧，並且是妙用無窮，所以說「不道飽」。

「終日吃飯不道飽」也可從修行的角度來看，意指每天的吃飯進食是維持生命所需，只要還活著就會持續而不中斷；如同修行乃是成佛所需過程，時刻皆須進行，是故謂「不道飽」。

每日區區為阿誰？

禪門生活中，除了師父隨機點撥弟子，也可見到弟子與師長有來有往；例如，雲巖曇晟（註六）曾「明知故問」，師生於短短數語間切磋，應答間妙趣橫生，彼此增進悟解。據《古尊宿語錄》記載：

雲巖問：「和尚（百丈）每日區區為阿誰？」師（百丈）曰：「有一人要。」

巖曰：「因甚麼不教伊自作？」師曰：「他無家活。」

雲巖問師父：「和尚你每天這麼辛苦忙碌，是為了誰啊？」百丈說：「有一人需要我這樣做的。」雲巖接著問：「為什麼不叫他自己作呢？」百丈說：「他沒有工具。」「區」通「驅」，「區區」意指奔走辛勞；「阿誰」的「阿」只是發語詞，「阿誰」就是「誰」之意，在公案中常用來借指佛性。由於佛性是人人本具的，無法向外馳求；若能體會契悟自身本有的佛性，便可任運自在。

誠如宗寶本《六祖壇經．機緣品》記載：「若悟自性，亦不立菩提涅槃，亦不立解脫知見；無一法可得，方能建立萬法。」從諸法實相觀之，諸法本身也是因緣聚集而成，所以能夠呈現各種現象；而各種現象均非實相，是故實無一法可得。於是雲巖問百丈，既然人、事均是因緣聚集而成，並非實際存在，也就無所謂度人可言，師父為何要如此辛勞？這麼做是為了誰呢？

明知無人可度，百丈卻回答說：「有一人要。」這裡的「有一人」不是特定的某位對象，而是指芸芸眾生。雲巖接著問：「因甚麼不教伊自作？」開悟是見到自己的本性，既然修行開物是不假外求的，為什麼不靠自己呢？百丈懷海的回答十分活潑、生活化：「他無家活。」家活指工具，意思是因為沒有工具呀！

我們可以理解為，師父辛勞的傳法開示，也就只是善巧方便，是一種輔助的工具或方法，目的是為了讓人觀照自心和實踐，透過修行把本來如是的佛性顯現出來而已；種種說法是為了使還在生死輪迴煩惱中的眾生，能夠自行挖掘出屬於自己的寶藏（自性）。既說「有一人要」，又說「他無家活」，表面上看似衝突矛盾，但這樣的對話答式其實是運用了六祖惠能所傳的三十六對法（註七）中的「有」、「無」相對；藉由襯托出看似相對的表象，而脫離兩端的偏見，透顯佛法的真義。

掩耳偷鈴

佛法義理是通達無礙、平易近人的，但許多修習者因為心中充滿疑惑，未能通達，故無法領悟。

曾有位「掩耳偷鈴」的僧人，即便挨百丈打也未契實處。《古尊宿語錄》的記述十分活靈活現：

僧問：「抱璞投師，請師一決。」師（百丈）云：「昨夜南山，虎咬大蟲。」云：「不繆（謬）真詮，為甚麼不垂方便？」師云：「掩耳偷鈴漢。」云：「不得中郎鑑，還同野舍薪。」師便打；僧云：「蒼天！蒼天！」師云：「得與那麼多口？」云：「罕遇知音。」拂袖便出。師云：「百丈今日輸卻一半。」至晚，侍者問：「和尚被這僧不肯了便休！」師便打；者云：「蒼天！蒼天！」師云：「罕遇知音。」者作禮，師云：「一狀領過。」

有僧人問：「懷抱璞玉來向師父學習，希望能得到您的認可。」「璞」為未加工的玉石，意指佛性；僧人的意思是自己擁有佛性，希望百丈給予判定、印證。百丈便說：「南山昨天夜裡，老虎咬了大蟲。」「大蟲」是老虎的別稱；「虎咬大蟲」字面的意思是自己咬自己，實則暗示佛性是人人本自具足的，僧人為何要捨近求遠、向外尋覓呢？僧人說：「這並不違背佛性真實不虛的意義（不繆真詮），為什麼師父不隨順方便，給予垂示呢？」百丈回答：「掩耳偷鈴漢！」

僧人既然知道佛性「不謬真詮」，為何要執著於師父的認可？這好比偷鈴鐺時怕別人聽到聲音，卻遮住自己的耳朵，是自欺欺人啊！百丈要透顯的真義是：真正的明心見性，不須落入他人給予言語上的肯定。

沒想到僧人還是繼續追問：「這就像是，如果沒有中郎大夫來鑑別，則分不出堆放在房舍外面的到底是藥草還是柴草啊！」僧人的意思是，若是沒有經過師父的印可，他這塊「璞玉」也就不知道有什麼價值了。接下來百丈出手便打，這是為了打破這位僧人的執念；挨了打的僧人大聲喊道：「蒼天啊！蒼天啊！」百丈對僧人說：「怎麼這麼多話！」話已至此，僧人卻似是仍然執著不放地說：「知音實在是太罕見了。」語畢，便拂袖離開。僧人離去後，百丈說：「我今天也輸了一半！」意思是這個僧人囿於執著，輸了一半，亦只是懷抱追求佛法的態度，卻沒能窺見佛法真諦；而百丈屢次點撥，甚至用棒打啟發，卻未能有效地讓他了悟佛法真諦，所以百丈認為自己今日也輸了一半。

到了晚上，侍者聽說這件事便道：「那僧人沒得到師父的許肯就離開啦！」百丈伸手就打。侍者像是模仿般地說道：「蒼天啊！蒼天啊！」百丈竟也道出同樣的話語：「知音實在是太罕見了。」侍者朝百丈禮拜，百丈懷海只是說：「一紙寫下、當下承擔就是！」上午那位僧人雖然已經對「佛性是真實不虛」有相當的見地，想要獲得百丈認可，但百丈卻試出其仍未通達。侍者詢問此事後，也被百丈棒打，侍者同樣回道「蒼天！蒼天！」百丈卻用那位僧人的「罕遇知音」回覆，侍者似因此語而有所領悟，便朝師父禮拜，百丈只道「一狀領過」，意指侍者領悟當下承擔即是，不用糾結師父之認可，不是如僧人般「掩耳偷鈴」。

一時埋卻

在禪林裡，有時不直接用一般的語言來表達，而是廣用譬喻，或者用於問道求法，或用來訴說個人修行的體悟。

例如公案「一時埋卻」之中，記載僧人向百丈懷海哭訴自己雙親過世，以表達自己契入佛法。《五燈會元》記載：

有一僧哭入法堂來，師（百丈）曰：「作什麼？」僧云：「父母俱喪，請師選日。」師云：「明日來，一時埋卻。」

有位僧人哭著走進法堂，百丈懷海便問他：「為什麼哭成這樣？」僧人說：「我的父母親都過世了，請師父您幫忙選個日子吧！」百丈懷海說：「明天來，同時埋葬。」

法堂為集眾說法的地方，是寺院中僅次於大殿的主要建築。為何這位僧人要進入法堂哭訴呢？真正修行之人，應不畏懼生死與悲傷才是。因此，這段話我們應該視之為修行的譬喻，用不同於俗世情境的角度來解讀。

這裡的「父母俱喪」所指為何？可以從兩個角度來思考。一是禪門有「大事未明，如喪考妣；大事已明，亦如喪考妣」的說法，如睦州道明（註八）曾以此示眾，意指修行者尚未開悟之前，猶如父親或母親逝世般著急悲痛；開悟之後，更為傷心焦急，這是因為發心救度眾生，責任重大的緣故。前述公案中的僧人，或許正是因自己開悟之心十分迫切，迫切到如同父母雙亡，於是特地前來請求百丈懷海協助（「請師選日」）；百丈看到之後卻說：「同時都埋葬！」字面的意思看似要僧人將父母的遺體帶來一起埋葬，實則是要僧人把這些焦急的心意與種種罣礙全部都埋葬掉，因為這無助於開悟。換言之，不應將亟欲成佛之心看作如同面臨父母俱喪一般嚴重，而是無須牽掛，順應修行的因緣即可水到渠成。

從另一個思考角度，佛經中有「無明為父，貪愛為母」的譬喻，如《大般涅槃經》（註九）所云：「若以貪愛母，無明以為父；隨順尊重是，則墮無間獄。」意指眾生對五欲之境（色、聲、香、味、觸）貪著而不能遠離，將五欲視同母親一樣重要；對於世間一切痛苦、煩惱因緣不甚了解（「無明」），「無明」

相當於父親一般隨侍在側；眾生隨順這樣的貪愛與無明，將墮入無間地獄。在「一時埋卻」這公案中，僧人說「父母俱喪」是向師父表示自己已明白諸法實相，見到本性，希望獲得百丈印可（「請師選日」）；百丈回答「明日，一時埋卻」，意思應是，既然已經明心見性，過往的貪愛與無明均應捨棄，如父母俱喪一般一同沉埋。

併卻咽喉脣吻

關於禪法如何流傳，百丈懷海與弟子之間有生動活潑的討論，這則饒富趣味的公案名為「併卻咽喉脣吻」。《四家語錄》（註一〇）記載：

溈山、五峯、雲巖侍立次。

師（百丈）問溈山（溈山靈祐）：「併卻咽喉脣吻，速道將來。」溈山云：

「某甲（溈山自稱）道不得，請和尚道。」師曰：「不辭向汝道，恐已（以）後喪我兒孫。」

又問五峯（五峯常觀），峯云：「和尚亦須併卻。」師云：「無人處，斫額望汝。」

又問雲巖（雲巖曇晟），巖云：「某甲（雲巖自稱）有道處，請和尚舉。」師云：「併卻咽喉脣吻，速道將來。」巖云：「師今有也未？」師云：「喪兒孫。」

溈山靈祐、五峯常觀（或稱筠州常觀，百丈法嗣）和雲巖曇晟立於一旁服侍。百丈問溈山：「把喉嚨和嘴唇閉上，趕快回答！」溈山說：「這樣我不會說話，還請師父示範把喉嚨和嘴唇閉上之後還能說話。」百丈懷海說：「我沒辦法再說得更明白了，怕是說了之後會斷送我的兒孫（傳人、法嗣）啊！」

百丈接著又問五峯常觀，五峯回答說：「這麼說，師父您也要把喉嚨和嘴巴閉上之後再說話啊！」百丈說：「我會在沒有人的地方，摸著額頭看一看你。」

後來又問雲巖曇晟，雲巖道：「我自有說話的方法，請師父您說說看。」百丈說：「把喉嚨和嘴唇閉上，趕快回答！」雲巖說：「師父您現在有沒有把喉嚨和嘴唇閉上呢？」百丈懷海說：「我要斷子絕孫了！」

「併」指合併、封閉，「卻」是去掉之意，「併卻咽喉脣吻」即意指不開口。人在說話的時候需要開口，百丈卻要弟子們不開口而回答，或是要弟子思考：在不使用語言文字的情況下如何弘揚佛法？溈山自承無法回答，同時反客為主，直接把問題丟回給師父；溈山可能也想表示，佛法真諦不是可以用語言表達的，是故直接說「道不得」。

然而，百丈應當是想表達：一方面，佛法的真義沒有辦法完全用語言表達，一旦使用語言道出，就偏離了真義，是故不應執著於語言的使用；但另一方面，世俗上難以完全避免語言的使用，是故在使用語言的過程中，應清楚地認知到語言只是方便善巧的工具，並無法展現或傳達佛法真諦。

百丈對溈山說「不辭與汝道，久後喪我兒孫」，正是暗示弟子們：雖不可過於重視語言的價值，但也不可完全否定語言的價值，才是避免落於兩端而行中道的真義。當然，更重要的是以心傳心，方便地使用語言即可，以免後世逐漸無法理解佛法真義，所領會的內容越來越片面。

到了五峯禪師回答時，他直說「師父也該把喉嚨和嘴唇閉上呀！」意思是師父也應「併卻」，就不會有這樣的提問，也不會導致眾人的回答有所偏頗。五峯直接截斷師父發問的舉動，正如《楞嚴經》所云：「凡有言說，都無實義。」面對如此伶俐的回答，百丈只表示會在沒有人的地方，摸著額頭看望五峯。

關於五峯和百丈懷海的應答，歷代各有不同的解讀，其中之一為：雖然百丈並未批評五峯，而且五峯直指百丈也是在使用語言說法；但當他說出「併卻」時，仍是將思維停留於如何閉口說話，但這並不是百丈所要傳達的禪機，而是藉此透露佛法弘傳的根本要義。因此，百丈懷海說要在沒有人的地方，摸著額頭遙望他，或許是期許五峯可以參透更深一層的道理。

不過，在《碧巖錄》（註一一）中，雪竇禪師則給予五峯高度的評價，其頌曰：

和尚也併卻，龍蛇陣上看謀略；

令人長憶李將軍，萬里天邊飛一鶚。

偈頌中的「和尚也併卻」就是五峯原來所說的「和尚亦須併卻」一語。李將軍即西漢名將李廣（註一二），史籍多載李廣善射，為當時著名的神射手，在此當是用以借代五峯。百丈的提問猶如天邊飛來一鶚，五峯在應機對答上如同李廣一般善射，即便是萬里無邊的天際出現一隻飛鳥，也能被五峯精準地射落。

百丈最後問到雲巖，雲巖告訴師父自己可以回答，請師父再問一次（「某甲有道處，請和尚舉」），於是百丈又重新說了一次問題，雲巖藉此反問：既然都已經「併卻脣吻」，師父您再提問時，有沒有把喉嚨和嘴唇閉上呢？（「師今有也未？」）

雲巖用「以子之矛，攻子之盾」的方式，意指師父語言矛盾。雲巖的回答看似不失機智，卻仍是執著於誰使用了語言在傳法，於是以世俗的邏輯攻訐百丈的話語；殊不知「併卻咽喉脣吻」的更深意義，是不過度強化語言的價值，也不應完全認為語言並無任何價值、以至於連同說話者皆要一併泯除。

經過一番問答，雖然溈山靈祐、五峯常觀與雲巖曇晟三位弟子的回答各有禪意，但百丈的評價仍是「無人處，斫額望汝」與「喪兒孫」，並未直接表達肯定，恐怕還是認為這些弟子都太過於陷溺在這一話頭的語言邏輯與思維之中，並未跳出語言的限制去參悟道理。

生活作務處處是禪

佛法不離生活，舉凡穿衣吃飯、日常作務、起心動念等一舉一動，都是修行。百丈懷海會通過生活勞作來指導或勘驗弟子，使弟子知道修行其實可以根植於生活，讓人安住身心，並且與佛法相應。接下來介紹二則相關公案。

開得多少田

師（百丈懷海）因普請開田回，問運（黃檗希運）闍梨：「開田不易？」檗云：「衆僧作務。」師云：「有煩道用。」檗云：「爭敢辭勞。」師云：「開得多少田？」檗作鋤田勢；師便喝，檗掩耳而出。

這則公案出自《古尊宿語錄》。有一天，衆人們開墾回來，百丈懷海便問擔任闍梨（註一三）的黃檗希運曰：「開墾田地是不是不容易啊？」黃檗回答：「這是眾僧們的勞作。」百丈懷海又說：「勞煩大家用功辦道了。」黃檗又答：「怎麼會因為怕辛苦而推卻不作呢！」百丈懷海又問：「開墾了多少田地呀？」只見黃檗做出鋤地的動作，百丈懷海便出聲一喝，黃檗遮住耳朵之後走出門去。

表面上，百丈是在問黃檗田地容不容易開墾，事實上是要帶出修行的路上是否有什麼不易或難處；顯然黃檗沒有落入「容易」或「不易」的兩端而回答，反倒是離於兩端，而說這是眾僧們的勞作，亦即耕種之事即是修行，佛法與修行就體現於日常生活的勞動之中，無所謂困難或容易。接著，百丈說麻煩大家用功（「有煩道用」），黃檗又強調這並不辛苦（「爭敢辭勞」），亦即這勞動的過程也是在修行，無所謂辛苦、麻煩可言。

更進一步，百丈又問黃檗已經開墾了多少田地，這是想透過詢問耕田的數量，試探弟子對於佛法實相的認識有多少；黃檗此時便不開口應答，直接「作鋤田勢」——繼續耕作，傳達了在勞務中對「開田即佛法」的體會。最後，百丈出聲一喝，黃檗聽見喝斥聲之後，便掩耳離開。

可想而知，百丈大喝的目的，是要黃檗把前面那些念頭也震碎，不必留念執著，一開始就不必陷入百丈的問題之中而試圖回答；所幸黃檗當下就明白師父的用意，聽到喝斥聲立刻掩耳離開，表示自己已經了悟，不須再用語言表達。

聞飯鼓鳴

因普請鋤地次；有僧聞鼓聲，舉起鋤頭，大笑歸去。師（百丈懷海）云：「俊哉！此是觀音入理之門。」後喚其僧問：「你今日見甚道理？」云：「某甲（僧自稱）早晨未吃粥，聞鼓聲，歸吃飯。」師呵呵大笑。

這則公案同樣出於《古尊宿語錄》。有一次普請鋤地時，一位僧人聽到鼓聲，知道勞務時間結束了，便大笑著離開。這爽朗的笑聲讓百丈聽到，便讚許這樣的聲音是「觀音入理之門」，意指這位僧人聞鼓聲時即已悟道。後來百丈找來僧人問他：「你今天是體悟了什麼道理呀？」只見僧人如實道來：「我早上沒有吃粥，聽到鼓聲之後，就知道可以回來吃飯了。」這樣真誠率真的回答，令百丈忍不住哈哈大笑。

這則公案帶出的寓意是，真正的修行其實與日常生活完全融合在一起，不必生起修行與生活的分別；僧人說的「吃粥、聞鼓聲、歸吃飯」均可作為修行過程，即便回答百丈的提問，也無須以高深的語言陳述，而是真正將修行落實於生活之中。

【註釋】

註一：此話也見於雪峰義存與弟子巖頭全豁（或作「奯」）的對談中。《景德傳燈錄．卷十六》記載：

存（雪峰義存）、豁（巖頭全豁）二士同嗣德山（德山宣鑒），師（巖頭全豁）與存同辭德山。德山問：「什麼處去？」師曰：「暫辭和尚下山去。」德山曰：「子他後作麼生。」師曰：「不忘。」曰：「子憑何有此說？」師曰：「豈不聞『智過於師，方堪傳授；智與師齊，減師半德』？」曰：「如是，如是，當善護持。」

註二：禪版又稱「禪板」、「倚版」，是坐禪時用來倚靠或安手的器具。《禪林象器箋．第廿八類器物門》：「倚版坐繩床時，倚之所以安背也。余曾獲之於古寺，其制斲版厚三分半，長一尺八寸，橫三寸九分。上下穿小竅，用時以紐，縛定床之橫繩。」「機案」即几案、案頭、案桌，一般指狹長型的桌子，為僧人們閱讀佛典時使用。

註三：《楞嚴經》全稱《大佛頂如來密因修證了義諸菩薩萬行首楞嚴經》，原有經題下附註：「一名《中印度那爛陀大道場經》，於灌頂部錄出別行。」又稱《大佛頂首楞嚴經》、《大佛頂經》。關於《楞嚴經》譯出的時間有兩種說法，分別出自智昇《開元釋教錄》與《續古今譯經圖紀》。《開元釋教錄》說此經由沙門釋懷迪與「未得其名」之僧人在廣州譯出；《續古今譯經圖紀》則說此經譯者為中天竺沙門般剌蜜帝，於神龍元年龍集乙巳五月己卯朔二十三日辛丑，在廣州制止道場（光孝寺）譯出，由烏萇國（約於今巴基斯坦西北邊境省斯瓦特縣）沙門彌伽釋迦（一作鑠佉、雲峰）擔任譯語，房融擔任筆受，懷迪證譯。自古至今關於《楞嚴經》之真偽有諸多爭議及討論。

《楞嚴經》共十卷，第一卷為〈序分〉（序言，述經之因緣），第二卷至第九卷為〈正宗分〉（正說，述經之宗旨），第十卷是〈流通分〉（結語）。

卷一述阿難乞食被摩登伽女以幻術所惑，佛遣文殊師利以神咒保護，為經文之緣起。《楞嚴經》以「根塵同源，縛脫無二」為主旨，內容闡明心性本體，經文云：「一切眾生，從無始來，生死相續，皆由不知常住真心，性淨明體；用諸妄想，此想不真，故有輪轉。」《楞嚴經》指出心是清淨妙體，一切現象為心之顯現，眾生因迷失本心而流轉生死。經文中世尊循循善誘，開示一切聖凡境界，破解歧見與疑惑；此經是開示修禪、耳根圓通、五蘊魔境等禪法要義之經典。

註四：「阿難」為梵名 Ānanda 之音譯，全稱阿難陀，意譯為歡喜、慶喜、無染，為佛陀十大弟子之一，被譽為「多聞第一」。

註五：深心（梵語 adhyāśaya）為「三心」（「至誠心」、「深心」與「迴向發願心」）之一。「深心」於佛經中的語義有不同解釋，通常用來指志求佛果之心，或指樂集一切功德善行，又深信無疑、心生歡喜之意。

註六：雲巖曇晟（西元七八二至八四一年），唐代僧人，藥山惟儼門下並嗣其法；俗姓王，鍾陵建昌（約為今江西省九江市下轄永修縣）人；《宋高僧傳》說他：「始生有自然胎衣右袒，猶緇服焉；遂請出家於石門，年滿具法，參見百丈山海（懷海）禪師；二十年為侍者，職同慶喜（阿難）。」雲巖曇晟雖然侍奉百丈懷海二十餘年，但因緣不契，未悟玄旨。《景德傳燈錄》說：「百丈歸寂，師乃謁藥山，言下契會。」百丈懷海圓寂後，曇晟前往澧州參藥山而得省悟。

曇晟後至潭州雲巖山（今湖南省株洲市下轄醴陵市）弘法，故稱「雲巖曇晟」。唐武宗會昌元年（西元八四一年）示寂，一說唐文宗太和（或稱大和）三年（西元八二九年），世壽六十。敕謚「無相」（《五燈會元》

記為：「無住」），塔名「淨勝焉」。

曇晟著名弟子有洞山良价（開曹洞宗）、神山僧密、幽谿和尚、杏山鑑洪等。

註七：「三十六對法」是六祖惠能獨創的三十六種相對性概念，對舉之法可以分成「外境無情五對」、「法相語言十二對」，以及「自性起用十九對」，相加起來共是三十六對。相對應的關係如下：

天與地對、日與月對、明與暗對、陰與陽對、水與火對，這些是「外境無情五對」；語與法對、有與無對、有色與無色對、有相與無相對、有漏與無漏對、色與空對、動與靜對、清與濁對、凡與聖對、僧與俗對、老與少對、大與小對，這些是「法相語言十二對」；長與短對、邪與正對、癡與慧對、愚與智對、亂與定對、慈與毒對、戒與非對、直與曲對、實與虛對、險與平對、煩惱與菩提對、常與無常對、悲與害對、喜與瞋對、捨與慳對、進與退對、生與滅對、法身與色身對、化身與報身對，這些是「自性起用十九對」。

若是懂得運用這三十六對法，就可以貫穿一切的經典與佛法，出入應對皆能脫離兩端的偏見。

註八：睦州道明（西元七八〇至八七七年），唐代僧人，黃檗希運法嗣；俗姓陳，江南人。其幼年出家，精通三藏；契旨於黃檗，並任首座。後名聲遠播，學人不遠前來叩問，四眾請住觀音院。其禪風機鋒峻烈，接引雲門文偃時，曾以「秦時轆轢鑽」罵之，傳為佳話，有「陳尊宿」之稱。後因母親年邁，遂至睦州開元寺，常編織蒲鞋到街道上出售，並將賣鞋所得用以奉養母親，故人稱「陳蒲鞋」。唐僖宗乾符四年（西元八七七年）示寂，世壽九十八。

註九：《大般涅槃經》，梵名 Mahā-parinirvāna-sūtra，為大乘佛教重要經典之一；記錄佛祖釋迦牟尼入涅槃之說法，內容闡述「常樂我淨」、「法身常在」及「眾生皆有佛性」等佛教重要思想。漢譯本分南北兩種，北涼曇無讖譯四十卷是為「北本」；南朝時，慧觀、慧嚴與謝靈運等人修訂潤色，並對照法顯譯本，分三十六卷，是為「南本」。

註一〇：《四家語錄》又稱《馬祖百丈黃檗臨濟四家錄》，匯集了馬祖道一、百丈懷海、黃檗希運與臨濟義玄四位禪師之語錄；共六卷，編者不詳，收錄於《卍續藏》。卷一為馬祖道一之《江西馬祖道一禪師語錄》，卷二為百丈懷海之《洪州百丈山大智禪師語錄》，卷三為百丈懷海之《百丈廣錄》，卷四為黃檗希運之《筠州黃檗山斷際禪師傳心法要》，卷五為黃檗希運之《黃檗斷際禪師宛陵錄》（卷末附〈裴相國（裴休）傳心偈〉），卷六為臨濟義玄之《鎮州臨濟惠照禪師語錄》。

註一一：《碧巖錄》又稱《圓悟老人碧巖錄》、《佛果圓悟禪師碧巖錄》、《圓悟碧巖錄》、《碧巖集》，北宋圜悟克勤禪師所編，凡十卷。為禪宗代表性公案評唱集，內容收錄了許多著名的禪宗公案，是克勤禪師駐錫夾山靈泉禪寺時，據雪竇重顯禪師「頌古百則」予以評唱，後又經門人編輯而成，「碧巖」一詞源自克勤所居方丈室的匾額題字。「夾山」是唐朝善會禪師所開闢的道場，善會禪師曾以「猿抱子歸青嶂裡，鳥銜花落碧巖前」表示悟境，故夾山也被稱為碧巖。

《碧巖錄》每則公案皆有「垂示」、「本則」、「頌古」、「著語」及「評唱（解說）」，將文字禪推上高峰，啟發影響學人甚鉅，被後世稱為「宗門第一書」。

然而，《碧巖錄》的流行也導致談禪風氣浮濫，出現「專尚語言，以圖口捷」的弊端；於是克勤禪師大弟子大慧宗杲禪師（西元一〇八九至一一六三年）焚毀《碧巖錄》木刻版，以救時弊。

大慧宗杲燒毀《碧巖錄》後，各地佛教叢林只剩零星殘本；此後百餘年《碧巖錄》便不再公開流行，僅於各禪林中祕密傳寫。約在元仁宗延祐年間（約西元一三一七年），浙江書商張明遠重新復刊印行，《碧巖錄》再度風行於世。復刊本〈後序〉載曰：「嵎中張明遠偶獲寫本後冊，又獲雪堂刊本及蜀本，校訂訛舛，刊成此書。」張明遠重刊版本稱為「張本」，一直流傳至今。

註一二：李廣（生年不詳至西元前一一九年），西漢名將，隴西成紀（今甘肅省天水市下轄秦安縣北）人，先祖為秦朝將領李信，世代傳授箭法。李廣於漢文帝十四年（西元前一六五年）從軍，善騎射，文帝時為武騎常侍；漢景帝時為隴西都尉，後為騎郎將。漢景帝三年（西元前一五四年）發生七國之亂（七國指吳、楚、趙、膠東、膠西、濟南、菑川，為西漢七個劉姓宗室諸侯因不滿朝廷削藩而起兵，又稱七王之亂，後為周亞夫、竇嬰等人平定），李廣時為驍騎都尉，跟隨周亞夫反擊叛軍，而獲戰功。李廣曾任隴西、北地、雁門、代郡、雲中等地太守，皆以力戰為名。

漢武帝元光二年（西元前一三三年），朝廷策畫對匈奴用兵，於馬邑城引誘單于，史稱「馬邑之謀」，時命李廣為驍騎將軍、韓安國為護軍將軍，意圖誘敵殲滅，後被匈奴識破，西漢至此拉開對匈奴戰爭序幕。四年後（西元前一二九年），漢武帝遣李廣、公孫敖、公孫賀及衛青，分別由雁門、雲中、代郡、上谷進攻匈奴，李廣於雁門關兵敗被俘；後奪胡人弓箭，射殺追騎，才得以脫逃回漢。回朝後，按軍法當斬，但李廣贖為庶人（以錢贖罪，貶為平民）。數年後，匈奴入侵遼西，殺太守，打敗韓安國，漢武帝重新起用李廣，任右北平太守。《史記・李將軍列傳》載曰：「廣居右北平，匈奴聞之，號曰：『漢之飛將軍』；避之數歲，不敢入右北平。」

漢武帝元朔六年（西元前一二三年），李廣重新封為將軍，隨衛青由定襄出擊匈奴，未能建功。元狩三年（西元前一二〇年），李廣率軍四千人出右北平，配合張騫作戰，遇匈奴精銳四萬人包圍，《史記．李將軍列傳》以傳神之筆描述李廣安定軍心，以寡敵眾之勇氣；後張騫帶領一萬騎兵抵達，匈奴退去。李廣功過相抵，沒有封賞；張騫按律當斬，後貶為庶人。

元狩四年（西元前一一九年），漢武帝發動漠北之戰，李廣隨衛青出征，於路途迷失，延誤作戰時機，導致單于遁逃；李廣自以為恥，遂自刎而死。

《史記．李將軍列傳》說李廣「人長猿臂，其善射亦天性也」，並於史傳中突出其高超之箭術，成語「李廣射石」即源出於此，故民間常以李廣為「神射手」。

註一三：闍棃，為梵語 ācārya 之音譯，又作阿闍梨、阿舍棃、阿遮利耶、阿祇利，略稱闍棃；意譯為軌範師、教授、傳授、正行、智賢、悅眾、應可行、應供養。意即教授弟子，使之行為端正合宜，而自身又堪為弟子楷模之師。

第六章　白光去室，金錫鳴空

今海公作古，天下隨之者，益多而損少之故也。謚海公為「大智」，不其然乎？語曰：「利不百，不變格。」將知變斯格厥利多矣。

百丈懷海從幼時立志「我後亦當作佛」；青年時期赴洪州至馬祖道一門下求法；到了壯年開山，草創新規。在日復一日的修行實踐中，行至人生的暮年。

禪師入滅，天人同悲

元和九年（西元八一四年）正月十七日，百丈懷海圓寂。〈懷海塔銘〉透過特殊筆法描繪禪師入滅前的情景：「白光去室，金錫鳴空；靈溪方春而涸流，杉燎竟夕以通照。」種種異象中，瀰漫著天人同悲之氛圍。

〈懷海塔銘〉云：「（百丈懷海）報齡六十六（註一），僧臘（或稱戒臘，僧人受戒的年數）四十七。以其年四月廿二日，奉全身窆（音ㄅㄧㄢˇ，埋葬之意）於西峰。」元和九年四月廿二日這天，門人依先師遺旨，將其安葬於大雄山西峰。禪師圓寂後，弟子們努力不懈，繼續弘傳法門。〈懷海塔銘〉載：

門人法正等，嘗所稟奉，皆得調柔；遞相發揮，不墜付屬；他年紹續，自當流布；門人談敘，永懷師恩；光崇塔宇，封土累石，力竭心瘁。門人神行、梵雲，結集微言，纂成語本；凡今學者，不踐門閾，奉以為師法焉。

法正（註二）等人承嗣師教，流布佛法；談敘（生平事蹟不詳）為建師塔，勞心勞力；另有神行、梵雲等弟子將先師言行集結，編纂百丈懷海語錄（註三）。

元和十三年（西元八一八年），陳詡撰〈唐洪州百丈山故懷海禪師塔銘〉；

唐穆宗長慶元年（西元八二一年），敕謚「大智禪師」，塔曰「大寶勝輪」；唐宣宗大中元年（西元八四七年），敕賜百丈寺「大智壽聖禪寺」匾額。

百丈新規之評價

百丈懷海圓寂後，僧團們共同討論，並提出五項規定作為鑑戒，載於〈懷海塔銘〉中，其內容為：

大師遷化後，未請院主。日，眾議釐革山門，久遠事宜都五件：

一、塔院常請一大僧，及令一沙彌灑掃。

一、地界內不得置尼臺、尼墳塔，及容俗人家居止。

一、應有依止及童行出家，悉令依院主一人，僧眾並不得各受。

一、臺外及諸處，不得置莊園田地。

一、住山徒眾，不得內外私置錢穀。

五項規定包含：塔院固定請一位僧人和一位沙彌打掃衛生；土地範圍內不設置尼臺（尼寺）、尼墳塔，也不提供世俗人士居住；童行（又稱「行童」、「僧同」，指尚未得度之年少行者）出家依止，皆依於院主一人，僧眾不能各自授受。

末兩項「臺外及諸處，不得置莊園田地」及「住山徒眾，不得內外私置錢穀」是與經濟相關之財產約束。有別於唐代許多寺院依靠朝廷敕賜或信徒布施，此處則規定寺院不得置莊園田地，禪僧不可私有財產。由此可以看出百丈僧團的嚴謹程度，於自給自足中建立更為清淨的叢林生活。

贊寧於《宋高僧傳．唐新吳百丈懷海傳》特地以「系曰」（註四）對於百丈懷海及其創立的新規予以點評：

系曰：自漢傳法，居處不分禪律，是以通禪達法者，皆居於一寺中，院有別耳。至乎百丈立制，出意用方便，亦頭陀之流也。矯枉從端，乃簡易之業也。所言自我作古：古，故也；故，事也。如立事克成，則云自此始也；不成，則云無立自辟。今海公作古，天下隨之者，益多而損少之故也。謚海公為「大智」，不其然乎？語曰：「利不百，不變格。」將知變斯格厥利多矣。《彌沙塞律》有諸：「雖非佛制，諸方為清淨者，不得不行也。」

這段點評圍繞著百丈懷海創建新規討論。首先點出立制的目的，肯定「百丈立制，出意用方便」、「矯枉從端」。至於新規的內容，贊寧引諺語：「利不百，不變格」來表達肯定；此語出自《商君書》（註五），原文為「利不百，不變法」，意指若是沒有百倍的益處，便不會更改法令，表示百丈懷海的革新正是利多於弊。文末，贊寧引《彌沙塞律》（註六）作結：「雖非佛制，諸方為清淨者，不得不行也」，意指懷海的新規雖然並非完全依照律藏舊制，但立意與精神皆是為了護法安僧，令正法久住。

法脈弘傳

唐武宗李炎於會昌年間（西元八四一年至八四六年）展開對佛教的限制和打擊，於會昌五年（西元八四五年）達到高峰。在一連串滅佛政策下，僧人被迫還俗，各地寺院毀壞、財產剝奪、佛經典籍散失，史稱「會昌法難」。百丈懷海著名法嗣溈山靈祐，也於浩劫中被迫還俗，隱於市井之間。

會昌法難讓天台宗、華嚴宗大量典籍散逸，宗門衰微；北宗禪師活躍於洛陽、長安更是首當其衝，法脈至唐末五代逐漸式微；南宗因為地理位置遙遠，波及相對較小。（註七）除此之外，自四祖道信便推行農禪生活，百丈懷海又以新規明確禪林的行事準則；在自給自足之下，南宗承受的衝擊亦相對減少。

會昌六年（西元八四六年），唐武宗駕崩，由唐宣宗繼位，宣宗即位後便停止相關滅佛政策。南宗禪更為弘傳興盛，於唐末五代開出「五家七宗」，百丈懷海弟子黃檗希運傳臨濟義玄，開臨濟宗，後衍出楊岐、黃龍之二派；另一弟子溈山靈祐傳仰山慧寂，立溈仰宗。

百丈懷海後嗣大振法道，祖師遺風之影響，實屬功不可沒。

【註釋】

註一：百丈懷海之生年及世壽有不同說法（詳見第一章），本書採取陳詡之說法，將其世壽記為六十六。

《宋高僧傳》：「以元和九年甲午歲正月十七日歸寂，享年九十五歲矣。」這裡說百丈懷海世壽九十五歲，《天聖廣燈錄》、《景德傳燈錄》沿用其說。

《五燈會元》：「唐元和九年正月十七日歸寂。」未記載世壽。

〈懷海塔銘〉：「報齡六十六，僧臘四十七。」因陳詡與百丈懷海皆為唐朝人，所處年代較為接近，故本書採用其說。

註二：在禪史中，有「三百丈」——百丈懷海、百丈法正、百丈惟政，常出現事跡混淆難辨的情況。〈懷海塔銘〉將百丈法正列為百丈懷海之法嗣，《林間錄》對此亦有說明：「百丈山第二代法正禪師，大智之高弟。其先嘗誦《涅槃經》，不言姓名，時呼為『涅槃和尚』；住成法席，師功最多，使眾開田方說大義者。乃師也，黃檗、古靈諸大士皆推尊之；唐文人武翊黃（字坤輿，洛陽人，工書法，〈懷海塔銘〉為陳詡撰、武翊黃書）撰其碑甚詳，柳公權書妙絕古今。而《傳燈》（《景德傳燈錄》）所載百丈惟政禪師，又係於馬祖法嗣之列，誤矣。及觀《正宗記》（《傳法正宗記》）則有惟政、法正。然百丈第代可數，明教但皆見其名，不能辨而俱存也；今當以柳碑為正。」這裡說百丈法正是百丈懷海的高徒；法正先前因為常誦《涅槃經》，所以時人稱其為「涅槃和尚」。法正受到黃檗希運等人推崇，〈懷海塔銘〉也提到百丈法正承嗣師教，流布佛法的事蹟；除此之外，柳公權撰有法正之相關碑銘，當以柳碑為正。

上述《林間錄》所說柳公權所撰之碑銘，即〈百丈山法正禪師碑銘〉；此碑雖有殘缺處，不過所存內容仍可看出百丈法正之相關行誼：「敷演毗尼，洪嚴戒範；覃思探賾，會理研幽；振發長途，擺捐素習。入百丈深山，與眾悅溪谷，脫遺身世；年光六易，度眾千餘。」根據〈懷海塔銘〉、〈百丈山法正禪師碑銘〉，百丈法正應確有其人。

註三：據〈懷海塔銘〉記載，百丈懷海語錄為百丈懷海之門人神行、梵雲所輯，後世一度散逸，到了明代再行編印，編者不詳。百丈懷海語錄後分別以《語錄》、《廣錄》等名稱收入於《卍續藏》、《古尊宿語錄》中。

註四：贊寧撰《宋高僧傳》，本傳分十篇，分別為〈譯經〉、〈義解〉、〈習禪〉、〈明律〉、〈護法〉、〈感通〉、〈遺身〉、〈讀誦〉、〈興福〉、〈雜科〉，於篇末有論，與道宣《續高僧傳》相同。《宋高僧傳》另外會在一些人物之傳末附有「系曰」，或是用來申明宗旨，或藉由問答方式來解釋疑難。《宋高僧傳．唐新吳百丈懷海傳》正是透過「系曰」來帶出百丈懷海新規的目的和精神。

註五：《商君書》又稱《商子》，內容主要論述商鞅一派在秦國施行的變法理論和具體措施。關於《商君書》的作者歷代多有爭議，或認為是商鞅，或認為是偽書，或認為《商君書》是商鞅及其他法家之遺著。

註六：《彌沙塞律》梵名Mahīsasakavinaya，全稱《彌沙塞部和醯五分律》，略稱《彌沙塞部律》、《彌沙塞部五分律》、《五分律》，為佛教戒律經典，凡三十卷，內容由為化地部（梵文Mahīśāsaka，音譯彌沙塞部）

所傳之戒律。據《高僧法顯傳》記載：「法顯住此國（師子國，約為今斯里蘭卡）二年，更求得《彌沙塞律》藏本。」法顯將其攜回中土，未及翻譯便圓寂。後於南朝宋景平二年（西元四二四年），由罽賓（約在今阿富汗東北、喀什米爾一帶）律師佛陀什、竺道生等人漢譯，梵文本今已失傳。

註七：禪宗於五祖弘忍之前，並無南、北宗之分。神秀弟子普寂原自稱「南宗」，受到惠能弟子神會批評，認為世人盡傳「南能北秀」，不許普寂稱「南宗」。事實上，所謂「南能北秀」是地域上的區分（神秀於湖北當陽玉泉寺修行，惠能到嶺南曹溪弘法）；而普寂所稱之「南宗」，是源自達摩繼承求那跋陀羅以《楞伽經》傳法，意即「南天竺一乘宗」。在神會自詡為「南宗正宗」下，將神秀一系稱以「北宗」，導致後世將神秀所傳歸為「北宗禪」，與惠能「南宗禪」相對。

第七章　祖師傳說

老人曰：「大修行人還落因果也無？」師曰：「不昧因果。」

老人於言下大悟。

野狐參禪

禪林中把似是而非、曲解佛理卻妄稱開悟的外道稱為「野狐外道」、「野狐禪」。「野狐禪」的典故出自百丈懷海與一野狐的機緣對話，這則富有神異色彩的公案被稱為「百丈野狐」，於各禪史中多有收錄。如《五燈會元》記載：

師（百丈懷海）每上堂，有一老人隨眾聽法。一日，眾退，唯老人不去。

師問：「汝是何人？」老人曰：「某（我）非人也。於過去迦葉佛時，曾住此山，因學人問：『大修行人還落因果也無？』某對曰：『不落因果。』遂五百生墮野狐身。今請和尚代一轉語，貴脫野狐身。」

師曰：「汝問。」老人曰：「大修行人還落因果也無？」師曰：「不昧因果。」

老人於言下大悟，作禮曰：「某已脫野狐身，住在山後，敢乞依亡僧津送。」

師令維那白椎告眾：「食後送亡僧。」大眾聚議：「一眾皆安，涅槃堂又無病人，何故如是？」食後，師領眾人至山後岩下，以杖挑出一死野狐，乃依法火葬。

百丈懷海開堂說法時，有位老人家總會隨著眾僧一同聆聽。某天，當百丈說法結束後，大家紛紛散去，老人家卻不肯離開。百丈便問：「老先生是什麼人？有什麼見教嗎？」

老人說：「其實我不是常人。過去在迦葉佛（註一）的時代，曾在這座山駐錫。當時有學人問我：『大修行者是否還會落入因緣果報之中呢？』我回答：

『不會落入。』就因為說錯這一句話，便使我墮入畜生道（註二），五百世淪為野狐身。今日懇請師父開示轉語（註三），助我脫離野狐之身。」

百丈說：「你儘管問吧！」老人便問道：「大修行者還會落入因緣果報之中嗎？」百丈說：「大修行者不昧於因果。」老人言下大悟，便朝著百丈禮拜：「從此我便可脫離野狐之身！此生我住在大雄山後山的巖洞，能否請師父以亡僧之禮為我送行？」百丈懷海便命維那（註四）敲板告知眾人此事：「請大家吃過齋飯後，一齊去為亡僧送行。」

眾僧們議論紛紛：「僧堂裡所有人都安好，涅槃堂（註五）裡面也沒有病人，維那為什麼會這樣宣告呢？」吃過飯後，百丈帶著眾人走到了後山岩石下，用手杖挑出一隻死去的野狐，依照佛法為其火化。

佛教認為，一切諸法之形成離不開「因果」（梵語 heṭu-phala）。「因」是能生結果的原因，也是因緣（主因助緣）的簡稱；「果」又稱果報，為眾多因緣所產生的結果。佛法共通的觀點認為，世間所有的一切都是由因到果的機制，不可能脫離原因而產生結果；如果要修行而達到較高的境界，應該看清楚因果的產生的過程，才能將不好的因緣轉化成好的結果，增強好的因緣而導向更好的結果，而不是直接否定因果的機制，以為脫離因果就可以得道。這一方面，可能表示將因果視為有與無的相對概念，另一方面也可能顯示出解脫道與菩提道的境界之別。

解脫道如《雜阿含經》云：「此有故彼有，此生故彼生；此無故彼無，此滅故彼滅。」解脫道的終極境界為涅槃，目標在於從一切煩惱之中解脫而出，是故會採取將造成煩惱的因緣解消的方法，切斷與因緣的聯繫。然而，到了菩提道的修行，菩薩與佛須將過去累世的因緣逐漸梳理，將不好的因緣轉化，償清所造的惡業惡果之後才能成就；所以，不再是如解脫道一般切斷過去的因緣，而是順應因緣的變化，以導向更好的結果。

這則公案中的老人遠在迦葉佛時代便住持於大雄山，足見過去生具有一定程度的修為；然而，當他教導學人時，卻因一字之差而墮入畜生道。老人家說的「不落因果」否定了因果的關係與循環，執著於「落入因果」與「不落因果」的二元對立，是錯謬或境界低下的見解；將這樣錯誤的看法傳授於人，使人誤解佛法的真義，導致五百世墮至畜生道；到了此生他仍未了悟，是故請百丈懷海代下一轉語，幫助自己脫離野狐之身。

百丈懷海聽聞之後，採用「割斷兩頭句」的教法，意即「割斷有句不有句，割斷無句不無句；兩頭跡不現，兩頭捉汝不著，量數管汝不得。」（《指月錄．洪州百丈山懷海禪師》）原先老人五百世前回答「不落因果」，是站在否定因果的一端，這屬於「無句」；與此相對的「落因果」則是認為因果獨立存在而不可改，屬於「有句」；兩句是有無對立的意思，是故應「割斷兩頭句」才能透顯佛法的真義。所以，百丈懷海告知老人的轉語是：「不昧因果。」

「不昧因果」肯定了因果的關係與循環，即使是修行之人，也處於因緣果報的循環之中，而不是脫離了因果之後獨立存在；雖是如此，但處於因果之中，必須順應因緣的發展，並承擔因緣所造成的結果，清楚地知道因果的來龍去脈，並非否定因果的機制，卻可因此不再茫昧地被因果牽引而繼續落入生死輪迴。

此語令老人家轉迷成悟、了悟佛法真義之後，便能脫離野狐之身。五百世前他是一位出家人，便乞求懷海禪師以荼毗儀式（火化）為自己送行。

現今江西省奉新市「百丈山風景名勝區」之百丈寺後山東側，有一塊近似於半圓形的大石頭，上面刻有「野狐巖」三字；民間流傳，此為野狐悟道後脫身之穴。野狐傳說真假難辨，卻能從中看出，百丈懷海的事蹟和思想，對民眾影響深刻且深遠。

再問野狐話

百丈懷海與野狐的機緣對話，從古至今一直為人津津樂道，不斷參究討論，延伸出許多妙趣討論。在《古尊宿語錄》的「百丈野狐」公案後，依序記載了「黃檗希運問野狐話」、「司馬頭陀問野狐話」，以及「溈山舉『黃檗問野狐話』問仰山」等內容。以下依序記述這三則機緣問答。

一、將謂胡鬚赤，更有赤鬚胡：黃檗希運問野狐話

某個晚上參問時間，黃檗希運舉出師父為野狐轉語的這段因緣，黃檗機靈地問道：「古人錯對一轉語，便墮至野狐身；如今轉語沒錯，又會如何呢？」這裡故意設了一個陷阱同師父切磋。《古尊宿語錄》云：

至晚參師，舉前因緣次，黃檗便問：「古人錯對一轉語，落在野狐身；今人轉轉不錯，是如何？」師（百丈懷海）云：「近前來，向汝道。」黃檗近前打師一掌，師拍手笑云：「將謂胡鬚赤，更有赤鬚胡。」

「古人錯對一轉語，落在野狐身；今人轉轉不錯，是如何？」這裡黃檗希運以野狐為例向百丈懷海問道，既然說錯一句便墮畜生道，沒說錯的話又會是怎麼樣的境界呢？百丈懷海道：「靠近一點，我告訴你。」沒想到，希運一靠近便打了師父一掌！百丈懷海笑著拍手叫好：「都說胡人的鬍鬚是紅色的，沒想到這裡就有個紅鬍鬚的胡人啊！」

這則公案意味著真正的「轉語」不只存於口頭言說，沉默、棒打或肢體語言也是接引的方式。當百丈懷海說「近前來，向汝道」時，是用行動展示「轉語」，同時想勘驗希運；而希運一聽師父說「近前來」的時候，便知道自己要挨打了！因為，野狐既然已經開悟了，若是接著討論轉語的對錯，將會落入另一種執著，這層道理希運是知曉的。所以，沒等師父出手便反客為主，打了師父一掌。

這裡的「一掌」有兩個涵義，一是打落對轉語對錯的討論，表示不再有任何執著掛記；二是直下承擔，意指師徒都已見實相，彼此心心相印。看到弟子敏捷的悟性，百丈懷海給予高度肯定：「將謂胡鬚赤，更有赤鬚胡。」表面上是說希運鬍鬚比胡人的還要紅，實則表示強中自有強中手，讚美希運已青出於藍而更勝於藍。

二、佛法不是這箇道理：司馬頭陀問野狐話

唐代有位堪輿家（勘察風水之人）司馬頭陀（註六），經常往來江西、湖南，與百丈懷海師徒多有交流。溈山靈祐在百丈門下擔任典座時，司馬頭陀便前往

請教「野狐話」。《古尊宿語錄》云：

時溈山在會下作典座，司馬頭陀舉野狐話問：「典座作麼生？」典座以手撼門扇三下。司馬云：「太麤生。」典座云：「佛法不是這箇道理！」

「典座」係取「典床座」一語而來，在寺院中負責掌理炊飯齋食等事；隸屬典座之下的另有柴頭、米頭、粥頭、飯頭、園頭等僧職。典座雖然負責雜役，不過古來便受住持重視，通常是由品行志向高潔者擔任。

這時候的靈祐雖然尚未開山自立，但他對「野狐話」亦有其獨到見解。司馬頭陀問靈祐：「典座您是如何看待老人家脫離野狐之身這件事？」意思是想詢問靈祐對於「不落因果」到「不昧因果」的看法。靈祐並未正面回答，而是用手搖了搖三下門扇；司馬頭陀不解其意地說：「這也太生硬了吧？」靈祐說：「佛法不是這個道理。」

當溈山靈祐「以手撼門扇三下」時，實際上已經用行動回答了司馬頭陀的問題：野狐話中從「不落因果」到「不昧因果」，因果貫穿於生活之中。靈祐此舉暗示，日常生活的所有行為都可做為證悟佛法的資糧，無須再用語言去表達野狐話（「不落」與「不昧」）了！靈祐取材於日常生活事物，用手撼動門扇三下，意思是：當下一切行為與事物，都是因果的表現。

可惜，司馬頭陀只看到表相（手撼門扇三下），未能領悟其中深意，只覺得靈祐的舉動「太麤（粗）生」，指舉止生硬而不莊重。靈祐答曰：「佛法不是這個道理。」亦即，佛法哪有什麼生硬或莊重的區別呢？端看個人如何體悟而已。

三、亦是稟受師承，亦是自宗通

禪林有時會以他人的言行事蹟進行交流討論，師家往往藉此順便考驗弟子的悟性見解。例如，溈山靈祐曾舉「黃檗吐舌」來問弟子仰山慧寂（詳見本書第五章）；前述「黃檗希運問野狐話」的公案，也出現在溈、仰師徒之間的應答之中。如《古尊宿語錄》云：

後溈山舉黃檗問野狐話問仰山，仰山云：「黃檗常用此機。」溈山云：「汝道天生得？從人得？」仰山云：「亦是禀受師承，亦是自宗通。」溈山云：「如是，如是。」

溈山問仰山，黃檗希運向百丈懷海參問野狐話時，反手給了師父一掌，對此，他有何看法呢？仰山說：「這是黃檗常用的機鋒。」溈山接著問：「你覺得黃檗的機用是天生的，還是從他人那裡學來的？」仰山說：「是禀受師學，也是自己本身具足的。」溈山說：「沒錯、沒錯！」

這則公案表面上討論黃檗希運的機用是如何得來，更深一層是對於「佛性」的探討。黃檗希運機鋒凌厲，棒喝峻烈，目的是幫助修習者能明心見性，種種機用也只是為了接引眾生的善巧方便而已，所以仰山說「亦是稟受師承，亦是自宗通」。意思是說，在修行過程中，是通過師父的教導而有所啟發；而所謂「自宗通」，並不是否定師承與佛法的教導，而是指清淨的佛性是本性之中即已具足，並非由他人給予。仰山的回答已經見到諸法實相，溈山也深表認同。

馬師寄醬三甕

據禪史記載（詳見本書第四章），馬祖道一圓寂後，百丈懷海先在石門為師守塔，接著住持寶峰，後來才到大雄山開山自立。在「馬師寄醬三甕」公案中，記述了百丈懷海弘法時，收到師父寄來的書信和醬甕，便就地取材來啟迪學人。

若依照禪史中百丈懷海弘化的時間點來比對梳理，「馬師寄醬三甕」應當不是發生在百丈懷海登堂說法之後，因為此時馬祖道一已入滅，故本書將此公案列於「祖師傳說」。《古尊宿語錄》記載：

馬祖令人馳書并醬三甕與師（百丈懷海）。師令排向法堂前，乃上堂；眾纔集，師以拄杖指醬甕云：「道得，即不打破；道不得，即打破。」眾無語，師便打破，歸方丈。

馬祖道一派人送來一封書信和三甕醬料。收到物品後，百丈讓人把東西排在法堂（禪林演布大法之堂，相當於講堂）前，接著登堂說法；眾僧集合起來，百丈用拄杖指著醬缸說：「你們誰說得出道理，我就不打破這三甕醬；如果沒有人能回答，我就打破這三甕醬！」眾人無言以對，於是百丈便將三甕醬打破，然後回到方丈室。

醬料是用來佐食或賦予味道的調味品；百丈用醬料來啟示學人，是想觀察大家，是否能在穿衣吃飯等尋常生活中去體悟佛法。當百丈問「道得即不打破，道不得即打破」時，不論回答什麼，都可能是誤解佛法，因為佛法無法單憑言語表示。我們或可推想，當祖師詢問「得或不得」時，眾僧的心中可能是念頭紛飛，徒生許多造作；於是接下來百丈便把醬缸給打破，不再多說什麼話便離開法堂，回到方丈室。

這樣做的目的，一是截斷妄念，希望大家不再去胡思亂想該如何回答。二是直指心念為修行的根本；既然醬缸都已經破了，當下心念生起就順勢觀察，這也能讓智慧增長。

啞巴王木尊

閩江之濱，福建省福州市長樂區，是百丈懷海出生和落髮之地。（詳見本書第一章）。每當福州長樂的鄉親父老或民間文史工作者提起家鄉歷代名人時，最常舉「長樂沙京石馬村王木尊」，指的就是百丈懷海。

長樂區下有鶴上鎮，鎮裡的蓮花村（註七），曾有「王木尊故居」與「王木尊埕」（註八）。古時遇到乾旱天災，居民會將龍泉寺裡的王木尊佛像請到王木尊埕來祈雨；可惜後來歷經戰亂摧毀，朝代更迭，故居和埕地不復存在，唯留有書法家潘主蘭（西元一九〇九至二〇〇一年）題寫「王木尊埕」石碑。

當地盛傳王木尊的出家，與龍泉寺（註九）密切相關。據說，王木尊從小啞口而不能語，被母親（一說為祖母）帶到寺廟禮佛時，突然就開口說話了，於是決定落髮為僧。

剃度後的某天，師父讓王木尊到井水洗布。洗著洗著，他聽到異聲，只見井裡有一條青色、一條黃色，兩條似蛇非蛇、十分特殊的生物在井裡嬉戲。王木尊覺得很奇特，便取缽來將這兩條生物放入，拿去給師父看；師父說這是凡人看不見到的「龍」，表示王木尊必定非凡！木尊後來將二龍放回井中，兩條龍搖頭擺尾，對其示意。

百丈懷海出家時，寺名「西山寺」；正因為青、黃二龍的傳說，後改名為「龍泉寺」。

種種傳說雖然已不可靠，仍可看出，百丈懷海至今依然是當地人心靈與精神上的依託。

出米石傳說

唐、宋兩代民間開始出現「出米石」的傳說，各地都有相似的故事流傳，內容大約是講述石頭裂縫會流出米粒、予人溫飽的特殊奇事。福州龍泉寺也曾傳出有「出米石」，並且與百丈懷海有關。

相傳，唐朝貞元年間（西元七八五至八〇五年），百丈懷海命人重建龍泉寺時，用神通的方式將大米由大雄山運至福州，並藏在石佛的肚內，接著讓人到石佛臍眼中取用。

說也奇怪，石佛臍眼每日出米的數量不多也不少，卻剛好合於每日僧俗所需之量，並且日日供給不間斷。直到寺院重建完畢後，石佛臍眼便不再流出大米。「出米石」成為美談，流傳至今。

【註釋】

註一：迦葉佛，梵名 Kāśyapa Buddha，又作迦攝波佛、迦葉波佛、迦攝佛。為過去七佛（第一毘婆尸佛 Vipaśyi、第二尸棄佛 Śikhi、第三毘舍浮佛 Viśabhū、第四拘留孫佛 Krakucchanda、第五拘那含牟尼佛 Kanakamuni、第六迦葉佛 Kāśyapa、第七釋迦牟尼佛 Śākyamuni）中之第六佛，又為現在賢劫千佛中之第三佛。

註二：畜生道又名傍生道，即人類之外的動物世界，為天道、人道、阿修羅道、地獄道、畜生道與惡鬼道等六道之一，是佛教用以區分眾生生死輪迴的層次分類。

註三：「轉語」為禪林用語，意指發揚翻轉、自在轉變的語句。學人迷惑不解時，師父會給予別開生面、驀然翻轉之機法，來引導學人開悟，打破執著，使學人通達無礙。

註四：維那之「維」指綱維，「那」即羯磨陀那（梵文 Karmadāna）之略稱，譯為授事、知事，為寺中統理僧眾雜事之職僧。

註五：涅槃堂又稱延壽院、重病閣（閣）、省行堂（院）、將息寮等，是用來安放重病僧人以養病之處。

註六：司馬頭陀，生卒年不詳，唐代堪輿家（勘察風水之人）。《江西通志》記載：「司馬頭陀，名曦，唐時人，習堪輿家言，歷覽洪州諸山，鈐地一百七十餘處，迄今猶驗。」顯示司馬頭陀是精通天文地理之人。司馬頭陀與百丈懷海師徒往來時，曾用看相的方式，點出溈山靈祐是「溈山主」。《景德傳燈錄》云：「時司馬頭陀自湖南來，百丈謂之曰：『老僧欲往溈山可乎？』（司馬頭陀）對云：『溈山奇絕，可聚千五百眾。然非和尚所住。』百丈云：『何也？』對云：『和尚是骨人，彼是肉山，設居之徒不盈千。』百丈云：『吾眾中莫有人住得否？』對云：『待歷觀之。』百丈乃令侍者喚第一坐（華林和尚）來問云：『此人如何？』頭陀令謦欬一聲行數步，對云：『此人不可。』又令喚典坐（溈山靈祐）來，頭陀云：『此正是溈山主也。』」

其著有《司馬頭陀鐵案》、《鑒水極玄經》、《司馬頭陀水法》、《司馬頭陀地鉗》等。

註七：當地將上陳、石馬、金馬、岐頭四個自然村統稱為「蓮花村」；古時則將長樂區鶴上鎮上李村、湖尾村、路北村、蓮花村的範圍內稱為「沙京」、「沙徑」。

註八：閩南地區稱庭院或場地為「埕」。據當地傳說，「王木尊埕」為百丈懷海幼時玩耍之地。

註九：龍泉寺初名西山寺。依南宋孝宗淳熙年間福州地方志《淳熙三山志》記載，寺院為「梁承四年置」，「承聖」為梁元帝蕭繹的西元五五二年（承聖元年）至五五四年（承聖三年）使用之年號，而蕭繹於西元五五四年逝世；梁敬帝西元五五五年繼位，沿用「承聖」年號至同年四月。故寺院或為西元五五四年至五五五年左右創建。

相傳，鄉人將百丈懷海曾於井中見雙龍戲水之事蹟上報朝廷；後於唐懿宗咸通年間（西元八六〇至八七三年），敕賜「龍泉寺」匾額。其後經歷興衰，五代石晉天福年間（西元九三六至九九四年），僧人普明（生卒年及生平事蹟不詳）開拓寺基；北宋太宗淳化年間（西元九九〇至九九四年），鄉人捐款修葺；後至明代逐漸荒廢。明末清初，黃檗隆琦（字隱元）曾駐錫於此；乾隆年間有鼓山常明、黃檗智幢和尚等於此弘法。

龍泉寺最為著名且較為人知的大師當數百丈懷海與隱元禪師。前者於此落髮出家；後者東渡日本，為日本黃檗宗之開山祖。

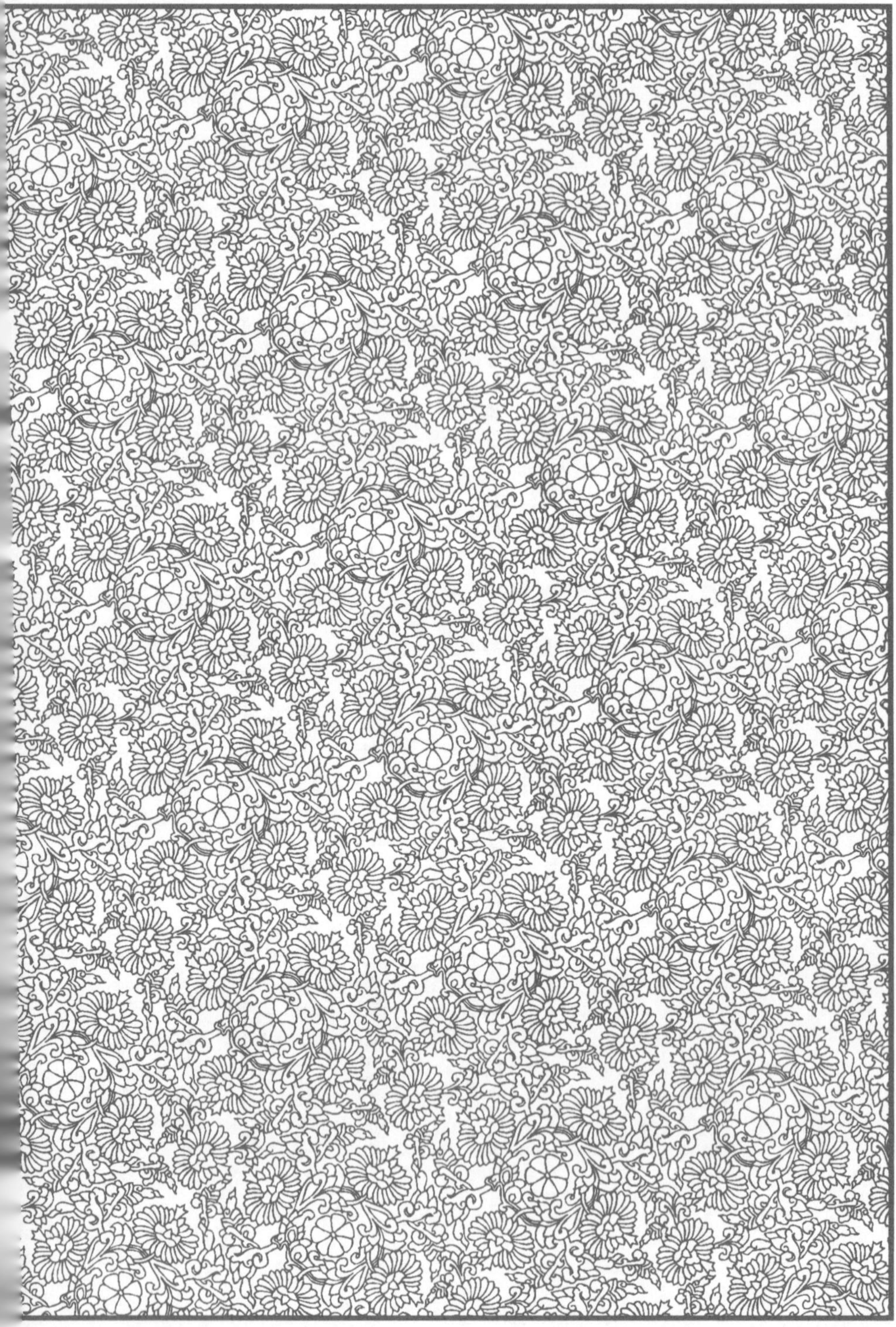

影響

壹・百丈懷海與「清規」

百丈清規行於世，尚矣。繇唐迄今，歷代沿革不同，禮因時而損益，有不免焉；往往諸本雜出，罔知適從，學者惑之異。

「清規」，意即清淨的儀軌，是叢林生活遵行的準則與規範。唐代百丈懷海創立的「清規」，歷經會昌毀佛與唐末五代的巨變、連綿戰亂的摧殘下，原先內容早已散佚，僅能於史書中窺見部分。

歷史上出現多部「清規」，大多自稱源於百丈；然而，歷代的刪改或增飾，伴隨不同時代文化風貌的更迭，各版本清規與百丈懷海最初制訂的內容並不相同，並非原始的樣貌。

現存最為完整的「清規」，為元代百丈山住持東陽德輝所編的《敕修百丈清規》（簡稱《敕修清規》），收錄於《大正新脩大藏經》（《大正藏》）之中；後世流傳的幾部禪林清規，多由古清規發展演變而來。元朝「敕修百丈清規」的頒布，在官方正統的推行下，遂成為天下圭臬，直至明朝仍為欽定遵行版本。清代較為廣傳的《百丈叢林清規證義記》，也是對於《敕修百丈清規》的疏解和補充（增加明清相關禪林儀軌制度）。《敕修百丈清規》對於漢傳佛教寺院制度影響之深，也具有歷史的意義。

本章先討論「清規」名稱與創立，根據相關史料介紹百丈懷海「禪門規式」（世稱「古清規」）中可考的內容，並且概述元代《敕修百丈清規》。

「清規」名稱與創立

百丈懷海是否有創立新規？學術界亦有不同看法（註一）。例如，日本學者近藤良一認為，百丈懷海的時代並沒有所謂「清規」存在，其主張的理由有三：一是，同時代陳詡所撰的〈懷海塔銘〉並未提到「百丈清規」；二是，百丈懷海門下參學弟子們的相關傳記，也沒有「百丈清規」的紀錄；三是，「百丈清規」的用語最早出現於《禪林備用清規》之中。然而，近藤良一的觀點只能顯示，百丈懷海在世時，尚未出現「清規」或「百丈清規」等名稱。（註二）

關於上述三點，可以通過梳理史料來探討。首先，雖然〈懷海塔銘〉並未提到「百丈清規」等字眼，但銘文中記述，懷海圓寂後，僧團們共同提出五項規定中（詳見本書第一部分第六章），可視為百丈僧團既有規約的延伸。

其次，中國禪宗自四祖道信開始施行農禪並舉的修行實踐，叢林生活中必定會有相應遵循的規定流傳；是故或可認為，到了百丈懷海開山說法時，便在原有的基礎上進行革新，使禪宗法制更為明確，所以《景德傳燈錄》說：「禪門獨行，由百丈之始」。

百丈懷海創立新法後，門徒集結祖師的語錄，使之於禪林中盛行；流傳的過程，也會不斷地增修內容；而成為「定本」需要有一定的時間，對於新規也有不同的稱呼。《禪門規式》的名稱最早見於《宋高僧傳》，而《新唐書．卷五十九．藝文志》中亦錄有「懷海《禪門規式》一卷」；此外，《江西通志．卷一〇三》記載：「海（百丈懷海）闡法於百丈山中，稱『百丈祖師』，有柳公權書『百丈清規』四大字。」《淳熙三山志．卷三十五》：「（百丈懷海）後果於百丈開山，著《叢林規式》，盛行於世。」

從以上文獻可以看出，《新唐書》錄有百丈懷海及其《禪門規式》，足見其受到正史的認可；又，柳公權（西元七七八年至八六五年）與百丈懷海同為唐朝人，其所書石碑亦可佐證。也由此可知，百丈懷海所創新法，至少有「禪門規式」、「百丈清規」、「叢林規式」等不同稱呼。

是故本書認為，百丈懷海對於禪林新創的規約雖未必使用「清規」或「百文清規」一詞，但當時應該已經有相關的規約，並且對於後來的制定與編修有著很大程度的貢獻與影響。

「古清規」的部分內容

百丈懷海制定的叢林規矩，世稱「百丈清規」、「古清規」，隨著唐末五代的兵連禍劫逐漸散佚，已不見原本。關於「古清規」的部分內容，若干保留於下列文獻中，分別是：《景德傳燈錄．洪州百丈山懷海禪師》下附的《禪門規式》、《禪苑清規》中所收的〈百丈規繩頌〉，以及《敕修百丈清規》所收的楊億（註三）〈古清規序〉。

唐末五代後，禪宗更為茁壯；時至北宋，叢林蓬勃發展，各種大同小異不同版本的「百丈清規」也紛紛出現。北宋文人楊億奉詔參與修訂道原《景德傳燈錄》時，《景德傳燈錄．洪州百丈山懷海禪師》後附有「禪門規式」，這篇「禪門規式」的內容與元代《敕修百丈清規》所收的「楊億〈古清規序〉」幾乎相同。或可推測，北宋景德年間（西元一〇〇四至一〇〇八年）尚能見到「古清規」的原貌。

《禪門規式》與〈古清規序〉所載內容幾乎相同（註四）；而〈百丈規繩頌〉則是於〈古清規序〉所載的既有文字中加以說明夾頌，來重申規約的重要性，並於後半部列出三十件事。以下便以〈古清規序〉為主要依據，並參以《禪門規式》、〈百丈規繩頌〉的相關內容來介紹百丈制定之規約。

一、創立清規之目的

百丈大智禪師，以禪宗肇自少室，至曹溪以來，多居律寺；雖列別院，然於說法、住持未合規度，故常爾介懷，乃曰：「佛祖之道，欲誕布化元，冀來際不泯者，豈當與諸部阿笈摩教為隨行耶？」或曰：「《瑜伽論》、《瓔珞經》是大乘戒律，胡不依隨哉？」師曰：「吾所宗，非局大小乘，非異大小乘；當博約折中，設於制範務其宜也。」

禪宗自少室（菩提達摩），至曹溪（六祖惠能）以來，禪僧多居住在律寺，雖然分處別院，但因為修行方法並不相同，難免產生齟齬不快。百丈懷海說：「如果想要使佛法弘傳廣布，並希冀能渡濟眾生而長久不歇，怎麼能只依隨諸部阿笈摩教來修行呢？」阿笈摩（梵名 Āgama），即「阿含」；諸部阿笈摩教意指各部《阿含經》，即《雜阿含經》、《中阿含經》、《長阿含經》與《增一阿含經》。又有人問他：「《瑜伽論》、《瓔珞經》都是大乘戒律，為何不依隨呢？」百丈直接點出，修行應當契理契機，他說：「規約的宗旨，並非偏限在大小乘；制定新規也不是要違背大小乘的戒律，而是要使內容既廣博又言簡意明、不偏頗，致力讓新規範可以更為適切。」

由此可以看出百丈並非否定既有的經典，而是博約折中，既能平衡兼顧，也不被既有經律所束縛。

二、別立禪居

於是創意，別立禪居。

百丈禪師創立了「禪居」，使禪僧聚集到獨立的禪院、禪寺，不再與其他宗派別混合居住，更有助於修行。對此，〈百丈規繩頌〉曰：「昔時居律寺，別院啟禪門；大智禪師後，方知師道尊。」

三、長老制度

凡具道眼者，有可尊之德，號曰：「長老」，如西域道高臘長呼「須菩提」等之謂也。即為化主，即處於「方丈」——同淨名之室，非私寢之室也。

凡是具備道眼（註五）、值得尊敬可作為楷模者，稱為「長老」，如同西域將智德高、法臘（受戒的年歲）高的僧侶稱為「須菩提」（註六）。或稱為「化主」，也就是領導教化僧眾的人，處於「方丈」（註七）；「方丈」的意思等同於維摩詰（註八）所居丈室，不是私人的寢室。

四、不立佛殿，唯樹法堂

不立佛殿，唯樹法堂者，表佛祖親囑受，當代為尊也。

「不立佛殿，唯樹法堂」是十分新穎、但又契於佛理的新規。正如《金剛經》所說：「凡所有相，皆是虛妄。」真正的修行，是要認識到本性的般若智慧，並不是僅靠供養佛像、參觀佛堂而能證得，所以「不立佛殿」；然而，每個人的根器不同，需要不同方法的啟發和引導，「樹立法堂」則可以為一些需要高僧說法指引的人解開迷津。

「法堂」就是禪堂、講堂，是講經說法與禪修的地方。此處通過「法堂」表示，禪宗的傳承是由佛祖親自囑受，禪師在法堂中說法便代表著佛陀，幫助人們找回自性；所以說「當代為尊」，應遵從當下禪師的開示修行實踐。

五、入僧堂的原則

所裒學眾，無多少，無高下，盡入僧堂，依夏次安排。

「裒」音ㄆㄡˊ，聚集之意。此處是指聚集學眾進入僧堂時，不論有多少人，悉數接受；不分境界高低，也全部接納。進入僧堂之後，根據臘戒來安排先後次序。

「依夏次安排」的「夏」，或指結夏安居的次數，或指戒臘。如《四分律》（註九）記載，佛陀曾問：「汝等謂誰應受第一坐、第一水、第一食、起迎逆、禮拜恭敬、善言問訊耶？」眾人有不同的回答（註一〇），佛陀告曰：「我等共住，不應不興恭敬，更相輕慢；寧可推年大小，次第尊卑，更相恭敬；若年長者，當尊重恭敬供養。作如是法已，依林間共住。」是故依夏次安排亦是合於佛制。

六、物品安放

設長連床，施椸架，掛塔（搭）道具。

「長連床」就是可以連坐多人的大廣床。「椸」音一ˊ，衣架，「施椸架」意即設有衣架，可以掛放袈裟，或是垂掛道具，包括三衣（註一一）什物等資助一切學道身之具。由此可以看出，日常物品的安放，也是修行的過程與表現。

七、僧人威儀

臥必斜枕床脣、右脇吉祥睡者，以其坐禪既久，略偃息而已，具四威儀也。

規定側睡並枕床脣（床邊）右脅而臥，採用吉祥睡的方式。吉祥睡又稱吉祥臥、獅子臥、右脅臥，如《長阿含經》云：「爾時，世尊自四牒僧伽梨，偃右脇如師子王，累足而臥。」即右脅向下、兩足相疊之臥法。這是因為，坐禪久了，需要適度睡臥止息。

依禪法而修行，於行、住、坐、臥之間，都要有儀有則，合於儀態而不損威德，並從中調攝身心，即為具備「四威儀」。

八、不拘常準

除入室請益，任學者勤怠；或上或下，不拘常準。

除了入師室參問請益之外，其餘聽憑修學者自己的勤怠，給予充分自主與自由。所謂「任學者勤怠」並非是放任或鬆懈，而是尊重每個人的不同，並非僵化強制的規範，所以「或上或下，不拘常準」。

九、朝參夕聚，依法而住

其闔院大眾，朝參夕聚；長老上堂陞座，主事徒眾鴈立側聆。賓主問酬，激揚宗要者，示依法而住也。

禪院裡全部的眾僧，朝夕都要參學；每當長老登堂升座為大家宣說時，主行事務的徒眾要「雁立側聆」，也就是排列整齊，有序聆聽法音。賓主切磋問答，相互探討；闡揚佛法時，都要以法為依歸，也就是「依法而住」。

十、齋粥隨宜、法食雙運

齋粥隨宜，一時均遍者，務於節儉，表法、食雙運也。

舊佛制有「過午不食」（註一二）的規定，而古時漢地多為一日兩餐。「一時均遍」這句話在《禪門規式》中載為「『二』時均遍」，「二時」就是指早、晚進餐；朝食為粥，夕食為齋，故曰「齋粥隨宜」。

飲食方面，隨宜隨緣，人人均遍，並且務於節儉；這代表在日常生活之中，佛法與飲食應均衡並行。

十一、行普請法

行普請法，上下均力也。

從事作務勞役時，普皆請求大眾，稱為「普請」，又稱「出坡」。參與勞務時，不分長幼大小、地位高低，都要齊心出力，是為「上下均力」。

十二、設置十種職務

置十務，謂之「寮舍」。每用首領一人管多人營事，令各司其局也。

〈古清規序〉說新規設置了「十務」，意即十個部門單位；「寮舍」是其辦公或居住的地方。每個寮舍設置一位首領來掌管事務，讓大家能各司其職。

《禪門規式》於本段文字夾注：「主飯者目為飯頭，主菜者目為菜頭，他皆仿此。」意思是，掌管廚房的稱為飯頭，管領菜蔬的稱為菜頭，這兩個職務應是「十務」職事之一。至於古清規中「十務」的全部名目與具體掌管內容，現已無法詳知全貌。

十三、懲戒制度

或有假號竊形，混於清眾，別致喧撓之事，即當維那檢舉，抽下本位掛搭，擯令出院者，貴安清眾也。或彼有所犯，即以拄杖杖之，集眾燒衣鉢道具，遣逐從偏門而出者，示恥辱也。

對於假冒僧人（「假號竊形」）混入寺院喧譁撓嚷，要馬上請維那（又稱知事，管掌僧眾之雜事者）進行糾舉，取下他掛搭的衣鉢，驅遣離開；清理不如法的行為，讓大家可以安心修行（「貴安清眾」）。對於違犯過失的僧人，或用柱杖杖責，並且聚集眾人，將其衣缽道具燒掉，從偏門趕出去，藉此告訴眾人，這些不如法的行為是恥辱的。

楊億認為懲戒制度有四益，如〈古清規序〉云：「詳此一條制有四益：一、不汙清眾，生恭信故；二、不毀僧形，循佛制故；三、不擾公門，省獄訟故；四、不泄於外，護宗綱故。」

元代《敕修百丈清規》

本書推測，北宋景德年間（西元一〇〇四至一〇〇八年）楊億修訂《景德傳燈錄》時，或許尚能見到「古清規」的原貌；但是到了崇寧二年（西元一一〇三年），古清規已經散佚，時「叢林蔓衍，轉見不堪」，是以宗賾（註一三）編《禪苑清規》（註一四）。

然而，《禪苑清規》中的許多規定，與古清規相較已經大為改變。例如：「化主」於古清規是指「具道眼者，有可尊之德」的長老，《禪苑清規》中化主（見卷四、卷五）成為「勸化主」，負責勸募金錢物資。又「普請法」為古清規中的重要精神，強調上下均力；《禪苑清規》則將「普請」列於〈訓童行〉中，「普請」成為童行或沙彌所行，與古清規並不相同。

南宋嘉定二年（西元一二〇九年），有無量宗壽（註一五）的《入眾日用清規》，內容總括禪林一日生活細節；咸淳十年（西元一二七四年），金華惟勉（生卒年及生平事蹟不詳）編《叢林校定清規總要》（註一六），將百丈古清規以降出現的禪門各種清規，予以參校異同，去蕪存菁，進而重編。

元代至大四年（西元一三一一年），澤山弌咸（註一七）編有《禪林備用清規》，彙集古來禪林叢規、禮法等，內容計有一六九項禪門規儀，但未刻板流通。元順帝元統三年（西元一三三五年），東陽德輝編撰《敕修百丈清規》，朝廷詔天下僧人悉依此清規而行。

成書背景

東陽德輝（生卒年及籍貫不詳），元朝臨濟宗僧人，又名德煇，號東陽，賜號「廣慧禪師」。《增集續傳燈錄》（註一八）中列出大慧宗杲（註一九）下五代晦機元熙（註二〇）之法嗣，德輝列於其中。考察《增集續傳燈錄》目錄梳理其法脈傳承，依序為：大慧宗杲─育王佛照光禪師（佛照德光）─淨慈北磵居簡─育王物初大觀─徑山晦機原熙（晦機元熙）─東林東陽德輝，但未見其傳記。天曆二年（西元一三二九年），德輝掌理百丈寺，隔年重建法堂。

德輝在〈勅修百丈清規敘〉中講述了成書之緣起與編撰的方式：

百丈清規行於世，尚矣。繇唐迄今，歷代沿革不同，禮因時而損益，有不免焉；往往諸本雜出，罔知適從，學者惑之異。時一山萬禪師致書先雲翁，約先師共刪修刊正，以立一代典章；無何三翁先後皆化去，區區竊欲繼其志而未能也。後偶承乏百丈，會行省為祖師請加謚未報，遂詣闕以聞。御史中丞撒迪公引見聖上，得面奏清規所以然。因被旨重編，令咲（笑）隱校正，仍賜璽書頒行。受命以來，旁求初本不及見，惟宋崇寧真定賾公、咸淳金華勉公、逮國朝至大中東林咸公所集者為可採。於是，會稡參同而詮次之，繁者芟，訛者正，缺者補，互有得失者兩存之，間以小註折衷一，不以己見妄有去取也。

百丈清規行於世後，由於時代變遷，諸本雜出，詳略不一，讓學者無所適從。咸淳三尊宿——晦機元熙、一山了萬（註二一）、雲翁（生卒年與生平事蹟不詳）等人雖然有志刪修刊正，可惜先後圓寂，壯志未酬；後來德輝住持百丈山，想要承擔大業，趁當時江西行省為百丈懷海請謚尚未上報一事，便親自前往京城，透過御史中丞撒迪（生卒年不詳，又譯「撒的」），為元順帝時期中書平章政事）的引見，親面元順帝上奏此事，後獲旨重編，朝廷令笑隱大訢（註二二）校正，並賜璽書頒行。德輝受命後，遍求古清規卻不可得，後來採用宗賾的《禪苑清規》、惟勉的《叢林校定清規總要》，以及澤山弌咸的《禪林備用清規》，交相參照比對，並重新加以解釋，刪除繁冗，修正錯誤，補充缺漏；遇到長短處予以兩存，用小註來標示折衷，不任意憑著自己的看法妄加刪取。

敕修本的內容

現行本《敕修清規》由「公文」、「正文」與「附著」三部分組成。公文包含元、明兩朝的聖旨；正文為「祝釐章」、「報恩章」、「報本章」、「尊祖章」、「住持章」、「兩序章」、「大眾章」、「節臘章」與「法器章」等九章規約；附著即附錄，收錄歷朝「百丈清規」相關的序文，以及東陽德輝撰寫的〈勅修百丈清規敘〉。

正文內容方面，前四章融入了「忠孝」觀念，「祝釐章」、「報恩章」是為皇室祝讚祈禱而設，蘊含忠君思想；「報本章」、「尊祖章」是對佛祖、歷代祖師以及對寺院有貢獻的人物進行祭祀禮儀活動，或可視為對儒家文化——「禮」的吸收；第五到八章包含叢林制度、僧眾管理以及禪林禮儀活動；最後一章詳舉法器與教法。以下便將《敕修清規》的規式條目略加說明：

一、祝釐章

本章記述對朝廷的祝讚法式，包括：

聖節、景命四齋日祝讚、旦望藏殿祝讚、每日祝讚、千秋節、善月。

二、報恩章

本章記述國忌誦經迴向法式及各災害祈禱諷誦，包括：

國忌、祈禱（下有祈晴、祈雨、祈雪、遣蝗、日蝕、月蝕等目）。

三、**報本章**

本章記述佛祖誕辰、佛成道，以及元朝帝師八思巴（註二三）涅槃日的諷誦迴向法式，包括：

佛降誕、佛成道涅槃、帝師涅槃。

四、**尊祖章**

本章記述菩提達摩、百丈懷海與歷代祖師及其法嗣忌日的誦經迴向法式，包括：

達磨忌、百丈忌、開山歷代祖師忌、嗣法師忌等四忌。

五、**住持章**

本章記述住持的日用行持，包括：

住持日用（下有上堂、晚參、小參、告香、普說、入室、念誦、巡寮、肅眾、訓童行、為行者普說、受法衣、迎侍尊宿、施主請陞座齋僧、受嗣法人煎點、嗣法師遺書至等目）、請新住持（下有發專使、當代住持受請、受請陞座、專使特為新命煎點、山門管待新命并專使、新命辭眾上堂茶湯、西堂頭首受請、受請人陞座、專使特為受請人煎點、山門管待受請人并專使、受請人辭眾陞座茶湯等目）、入院（下有山門請新命齋、開堂祝壽、山門特為新命茶湯、當晚小參、為建寺檀越陞座、管待專使、留請兩序、報謝出入、交割砧基什物、受兩序勤舊煎點等目）、退院、遷化（下有入龕、請主喪、請喪司職事、孝服、佛事、移龕、掛真舉哀奠茶湯、對靈小參奠茶湯念誦致祭、祭次、出喪掛真奠茶湯、茶毘、全身入塔、唱衣、靈骨入塔、下遺書、管待主喪及喪司執事人等目）、議舉住持。

六、兩序章

本章記述東西兩序的進退、侍者的去就及列職雜務等項，包括：

西序頭首（下有前堂首座、後堂首座、書記、知藏、知客、知浴、知殿、侍者、衣缽侍者、湯藥侍者、聖僧侍者等目）、東序知事（下有都監寺、維那、副寺、典座、直歲等目）、列職雜務（下有請立僧首座、請名德首座、兩序進退、掛缽時請知事、兩序進退、掛缽時請知事、侍者進退、寮舍交割什物、方丈特為新舊兩序湯、堂司特為新舊侍者茶湯、庫司特為新舊兩序湯藥石、堂司送舊首座都寺缽位、方丈管待新舊兩序、方丈特為新首座茶、新首座特為後堂大眾茶、住持垂訪頭首點茶、兩序交代茶、入寮出寮茶、頭首就僧堂點茶、兩序出班上香等目）。

七、大眾章

本章記述沙彌得度，新戒參堂等，乃至參請、齋粥、普請、等日用的規範，包括：

沙彌得度、新戒參堂、登壇受戒、護戒、辦道具（下有三衣、坐具、偏衫、裙、直裰、鉢、錫杖、主杖、拂子、數珠、淨瓶、濾水囊、戒刀等目）、裝包、遊方參請、大相看、大掛搭歸堂（下有小掛搭歸堂、西堂首座掛搭、諸方名勝掛搭、法眷辦事掛搭等目）、拋香相看、謝掛搭、方丈特為新掛搭茶、坐禪、坐禪儀、坐參、大坐參、請益、赴齋粥、赴茶湯、普請、日用軌範、龜鏡文、病僧念誦、亡僧（下有抄箚衣鉢、請佛事、估衣、大夜念誦、送亡、茶毘、唱衣、入塔等目）、板帳式。

八、節臘章

本章記述關於結制、戒臘、念誦等諸事，包括：夏前出草單、新掛搭人點入寮茶、出圖帳、眾寮結解特為眾湯、楞嚴會、戒臘牌、方丈小座湯、四節土地堂念誦、庫司四節特為首座大眾湯、結制禮儀、四節秉拂、方丈四節特為首座大眾茶、庫司四節特為首座大眾茶、前堂四節特為後堂大眾茶、旦望巡堂茶、方丈點行堂茶、庫司頭首典行堂茶、月分須知等。

九、法器章

本章詳舉各種法器，並教示鳴打之法，包括：鐘（下有大鐘、僧堂鐘、殿鐘等目）、版、木魚、椎、磬、鐃鈸、鼓（下有法鼓、茶鼓、齋鼓、普請鼓、更鼓、浴鼓等目）。

敕修本的影響

元朝敕令頒布後，天下奉行。到了明代，本書亦受官方推崇，明太祖、明成祖及明英宗等屢次下詔，以此清規為管理依據，不遵從者，將以律法繩之。時序進入清朝，敕修本影響漸弱，源洪（註二四）為匡正時弊，後有《百丈叢林清規證義記》（註二五），大行於世。

元代《敕修百丈清規》與古清規已有很大的不同。例如，前四章祝釐、報恩、報本、尊祖等紀念活動儀式，皆為律所未定；將朝廷的祝讚納入清規，成為僧團行事規章，一定程度上也偏離了禪宗的精神，是故此舉受到許多高僧批評。（註二六）然而，相較於歷代清規，敕修本是一部相對完備且具有系統的規章制度，使教團生活有所依歸，對修行亦有助益；與此同時，在官方的認同與推動下，影響了各宗派及後世寺院規章的制定，亦具有重要的地位。

【註釋】

註一：賈晉華考察〈懷海塔銘〉「五項規約」中的內容，於《古典禪研究：中唐至五代禪宗發展新探》提出：「百丈懷海看來並未為其寺院創立和留下任何規則，而是懷海的規則；即使他僅是提出其中的一些建議，碑文中也應該會提及這位開山祖師的貢獻。」

註二：近藤良一（西元一九三七至二〇〇五年），日本僧人、佛教學者，出生於札幌。曾任曹洞宗北大寺住持、駒澤大學榮譽教授。近藤良一於《百丈清规の成立とその原型》中指出，宋朝之前相關史料與文獻，找不出百丈懷海是「禪門規式」作者的直接證據。

註三：楊億（西元九七四至一〇二〇年），北宋文學家，字大年，人稱楊文公，浦城（今福建省南平市浦城縣）人。少時被認為神童，博學強記，以文章名世；其與劉筠、錢惟演等人唱和之詩歌，多用典故對偶，編為《西崑酬唱集》，被稱為「西崑體」，為宋初流行的文派。楊億後禮汝州廣慧元璉，護持佛教；又奉詔編製《大中祥符法寶錄》，校刊《景德傳燈錄》，參與《太宗實錄》、《冊府元龜》等之編修。楊億今存文集有《武夷新集》二十卷，又清人全祖望有〈楊文公論〉。

註四：《禪門規式》與〈古清規序〉的內容除少數用字略有差異，其餘大體相同。兩份文獻較為不同處主要在於《禪門規式》對於「置十務」的職務名稱及「清規四益」附有解說。

一、置十務：

置十務，謂之寮舍。每用首領一人管多人營事，令各司其局也。（主飯者目為飯頭，主菜者目為菜頭，他皆仿此。）

二、清規四益：

（一）不汙清眾，生恭信故。（三業不善，不可共住，準律合用梵壇法治之者，當驅出院。清眾既安，恭信生矣。）

（二）不毀僧形，循佛制故。（隨宜懲罰，得留法服，後必悔之。）

（三）不擾公門，省獄訟故。

（四）不泄於外，護宗綱故。（四來同居，聖凡孰辨？且如來應世，尚有六群之黨；況今像末，豈得全無？但見一僧有過，便雷例譏誚，殊不知以輕眾壞法，其損甚大。今禪門若稍無妨害者，宜依百丈叢林格式，量事區分；且立法防奸，不為賢士。然寧可有格而無犯，不可有犯而無教。惟百丈禪師護法之益，其大矣哉！）〈百丈規繩頌〉於與〈古清規序〉文中說明、夾頌，並於頌詞中提到：「百丈存綱領，諸方酌古今，始終三十事，一一護叢林。」於後半部列出三十事要務。

註五：「道眼」意即觀道之眼，修道而得之眼。如《楞嚴經》云：「發妙明心，開我道眼。」

註六：須菩提，梵名 Subhūti 之音譯，又作須浮帝、須扶提，意譯為空生、善現、善業，為佛十大弟子之一，號稱「解空第一」。佛典中常可見到稱其為「長老須菩提」的經文，例如《金剛經》云：「時，長老須菩提，在大眾中，即從座起，偏袒右肩。」

註七：「方丈」又作方丈室、丈室，原指一丈四方之室，後轉為住持之稱。

註八：維摩詰，梵名 Vimala-kīrti 之音譯，或譯為毗摩羅詰，意譯為淨名，即維摩詰居士。《維摩詰所說經．見阿閦佛品》：「是時佛告舍利弗：『有國名妙喜，佛號無動；是維摩詰於彼國沒，而來生此。』」妙喜世界位於東方，維摩詰即由此轉生娑婆世界。

關於維摩詰的「方丈之室」（又稱「淨名之室」），《法苑珠林》云：「於大唐顯慶年中，敕使衛長史王玄策因向印度，過淨名宅以笏量基；止有十笏，故號方丈之室也。」維摩詰於丈室中展現種種不可思議的神力，《維摩詰所說經．不思議品》：

於是長者維摩詰現神通力，即時彼佛遣三萬二千師子座，高廣嚴淨，來入維摩詰室，諸菩薩、大弟子、釋、梵、四天王等，昔所未見；其室廣博，悉皆包容三萬二千師子座，無所妨礙。於毘耶離城及閻浮提、四天下，亦不迫迮，悉見如故。

註九：《四分律》，梵名 Dharmagupta-vinaya，又稱《四分律藏》、《曇無德律》，姚秦佛陀耶舍、竺佛念於長安共譯（《宋高僧傳・曇一傳》則說此律為佛陀耶舍共鳩摩羅什譯）。

道宣《四分律含注戒本疏行宗記》云：「佛滅百年，興斯名教。相傳云：『於上座部搜括博要，契同已見者，集為一部；四度傳文，盡所詮相，故云四分。』」可知本書經四度集結而成，故名「四分律」。

本律內容，可分為序、正、流通三分。正宗分包含二部戒（比丘戒、比丘尼戒）及二十犍度。「犍度」為梵語 khandhaka 之音譯，即戒律之彙編。二十犍度為：一、受戒犍度；二、說戒犍度；三、安居犍度；四、自恣犍度；五、皮革犍度；六、衣犍度；七、藥犍度；八、迦絺那衣犍度；九、拘睒彌犍度；十、瞻波犍度；十一、呵責犍度；十二、人犍度；

十三、覆藏犍度；十四、遮犍度；十五、破僧犍度；十六、滅諍犍度；十七、比丘尼犍度；十八、法犍度；十九、房舍犍度；二十、雜犍度。

北魏慧光律師判《四分律》為大乘，唐代道宣更以大乘教義闡揚之，其所著《四分律刪繁補闕行事鈔》、《四分律刪補隨機羯磨疏》、《四分律比丘含注戒本疏》、《四分律比丘尼鈔》、《四分律拾毗尼義鈔》，被稱為「律學五大部」，為《四分律》之集大成者。

《四分律》不僅為唐朝律宗所依之根本，也是中土所譯各律本中，影響最大、流傳最廣的佛教戒律典籍。

註一〇：《四分律》中，眾人對僧眾排序之不同回答——

或有言：「大姓出家者。」或有言：「顏貌端正者。」或有言：「阿蘭若者。」或有言：「乞食者。」或有言：「糞掃衣者。」或有言：「作餘食法不食者。」或有言：「一坐食者。」或有言：「一摶食者。」或有言：「塚間者。」或有言：「露坐者。」或有言：「樹下者。」或有言：「常坐者。」或有言：「隨坐者。」或有言：「三衣者。」或有言：「能唄者。」或有言：「多聞者。」或有言：「法師者。」或有言：「持律者。」或有言：「坐禪者。」

註一一：「三衣」即「三法衣」，出家人的三種袈裟。一曰「安陀會衣」（Antarvāsa），即貼身衣，日常勞務或就寢時穿著；二曰「鬱多羅僧衣」（Uttrāsaṅga），即上衣，禮拜、聽法時加披於安陀會衣外；三曰「僧伽梨衣」（Saṅghāti），即外套，外出托缽或說法時所著。

註一二：「過午不食」又稱「持午」，意即日出至中午期間，可進食一次。關於此戒之制戒緣起，於佛經中多有記載。例如《四分律》：

於時日暮，迦留陀夷著衣持鉢，入羅閱城乞食。天陰闇至，一懷妊婦女家乞食；此婦女持食出門，值天雷電，暫見其面，時婦女怖稱言：

「鬼！鬼！」即墮娠。迦留陀夷語言：「大妹！我非鬼！我是沙門釋子！」婦女恚言：「沙門釋子寧自破腹，不應夜乞食。」……時者，明相出乃至日中，按此時為法，四天下食亦爾；非時者，從日中乃至明相未出。

又《摩訶僧祇律》云：

復次，佛住舍衛城，廣說如上。爾時，比丘日暝食，為世人所譏，云：「何沙門釋子夜食？我等在家人尚不夜食，此輩失沙門法，何道之有？」諸比丘聞已，以是因緣，往白世尊。佛告諸比丘：「汝等夜食，正應為世人所嫌；從今日後，前半日聽食，當取時。」

註一三：宗賾，約生於宋仁宗皇祐（西元一〇四九至一〇五四年）、至和（西元一〇五四年至一〇五六年）年間，宋徽宗崇寧（西元一一〇二年至一一〇六年）末年卒；北宋僧人，俗姓孫，湖北襄陽（一說洺州永年）

人。其父早亡，母親陳氏養於舅氏。少習儒業，志節高邁，學問宏博。二十九歲禮真州長蘆法秀禪師出家，後得應夫廣照印可。宗賾師承南宗，實以淨土為歸。

宋哲宗元祐年間（西元一〇八六年至一〇九四年），宗賾住真州長蘆寺，世稱「長蘆宗賾」，迎母於方丈之東室。勸母親剪髮，勉進持念阿彌陀佛，日以勤志，始前後七年；其母因念佛，無疾而終。宗賾自謂報親心盡，制〈勸孝文〉述說孝道。

元祐四年（西元一〇八九年），宗賾建蓮華勝會，普勸念佛號；崇寧二年（西元一一〇三年）編撰《禪苑清規》。其著述另有〈蓮華勝會錄文〉、〈念佛迴向發願文〉、〈觀無量壽佛經序〉、〈勸念佛頌〉、〈西方淨土頌〉等。謚號「慈覺大師」，故世稱「慈覺宗賾」。

註一四：《禪苑清規》又稱《崇寧清規》，為現存叢林清規類書中最古的一部。

現行本《禪苑清規》的規式條目與說明如下——

卷一：本章記述僧人初入僧伽時的相關禮儀，包括——受戒、護戒、辦道具、裝包、旦過、掛搭、赴粥飯、赴茶湯、請因緣、入室。

卷二：本章記述僧人日常生活須遵守的禮儀，包括——上堂、念誦、小參、結夏、解夏、冬年人事、巡寮、迎接、請知事。

卷三：本章記述僧團要職的職責，包括——監院、維那、典座、直歲、下知事、請頭首、首座、書狀、藏主。

卷四：本章記述僧團各雜務的職責，包括——知客、庫頭、浴主、街坊、水頭、炭頭、華嚴頭、磨頭、園頭、莊主、廨院主、延壽堂主淨頭、殿主、鐘頭、聖僧侍者、爐頭、直堂、寮主、寮首座、堂頭侍者。

卷五：本章記述僧人對應來客，以及寺院內部上下待人接物的禮儀，包括——化主、下頭首、堂頭煎點、僧堂內煎點、知事頭首煎點、入寮臘次煎點、眾中特為煎點、眾中特為尊長煎點。

卷六：本章記述寺院接待法眷、入室弟子等之接待禮儀，以及寺院對外聯繫的相關規定，包括——法眷及入室弟子特為堂頭煎點、通眾煎點燒香法、置食特為、謝茶、看藏經、中筵齋、出入、警眾、馳書、發書、受書、將息參堂。

卷七：本章記述僧人圓寂及迎請長老的相關禮儀，包括——大小便利、亡僧、請立僧、請尊宿、尊宿受疏、尊宿入院、尊宿住持、尊宿遷化、退院。

卷八：本章記述為僧人制定的相關短文、座右銘等，包括——龜鏡文、坐禪儀、自警文、一百二十問、誡沙彌。

卷九：本章記述沙彌受戒文，以及對於童行（年少未得度的童子）的相關訓誨內容，包括——沙彌受戒文、訓童行。

卷十：本章記述對在家菩薩撰寫的「勸檀信」、對齋僧設齋時相關注意事項的「齋僧儀」，以及〈百丈規繩頌〉（於〈古清規序〉所載的既有文字中加以說明夾頌，來重申規約的重要性）。

附：新添濾水法並頌。濾水囊又稱為「濾水袋」，是僧人隨身必備物品，用來過濾生水、排除水中生物蟲類，避免傷害生命的工具。本附錄列出佛經中關於「濾水囊」的相關記載，予以說明夾頌。

註一五：無量宗壽，南宋僧人，生卒年、籍貫均不詳，號無量，世稱無量壽禪師、無量宗壽，為育王山秀巖師瑞之法嗣。曾任明州（今浙江省寧波市）瑞巖寺住持。所撰《入眾日用清規》，於嘉定二年（西元一二〇九年）刊行。

註一六：《叢林校定清規總要》又稱《咸淳清規》、《婺州清規》，后湖惟勉編，咸淳十年（西元一二七四年）成書，元世祖至元三十年（西元一二九三年）刊行。

註一七：澤山弌咸，生卒年、籍貫均不詳，字東林，為覺菴夢真禪師法嗣。著有《禪林備用清規》十卷。

註一八：《增集續傳燈錄》，明朝南石文琇（西元一三四五至一四一八年）編，蒐錄宋朝至元朝禪宗相關文獻，增訂編輯大鑑（六祖惠能）下十八世至二十五世，計五百餘位禪師之行誼、機緣、語要等；卷末附錄《五燈會元》補遺，增列大鑑下十七世計二十人之略傳；又於補遺之後增列法嗣未詳者七人。本書凡六卷，另有目錄一卷，收錄於《卍續藏》。

註一九：大慧宗杲（西元一〇八九至一一六三年），宋代僧人，字曇晦，號妙喜，又號雲門，宣州寧國（今安徽省宣城市下轄寧國市）人，俗姓奚。少從慧慈寺僧人慧齊法師出家，先後參訪洞山微、湛堂文準、圜悟克勤諸師；得圜悟克勤印可，嗣其之法。

靖康元年（西元一一二六年），賜紫衣，得「佛日大師」之號，紹興七年（西元一一三七年），應丞相張浚延請，駐錫徑山能仁寺。時南宋朝廷大臣對於金朝分主戰派與主和派，大慧宗杲與主戰派李邴、呂本中、張九成等人多有往來，更與侍郎張九成為莫逆之交，與之應和議論朝政。遂於紹興十一年（西元一一四一年），受主和派秦檜斬除異己影響，被褫奪衣牒，流放衡州（今湖南省衡陽市）。紹興二十年（西元一一五〇年）輾轉流放梅州（今廣東省梅州市）；此處為瘴癘物瘠之邊地，師徒百餘人有過半暴斃，大慧仍怡然自處，以佛法教化當地民眾。紹興二十五年（西元一一五五年）遇赦，隔年復僧服，住杭州靈隱寺。三年後奉敕住徑山，天下歸集，有「徑山宗杲」之稱。宋孝宗賜號「大慧禪師」。隆興元年（西元一一六三年）八月，大慧微恙，書寫遺偈：「生也只恁麼，死也只恁麼；有偈與無偈，是甚麼熱大。」之後安然示寂，諡號「普覺禪師」。

其師圜悟克勤編有《碧巖錄》十卷，將文字禪推上高峰。然而，《碧巖錄》的流行導致禪修風氣浮華，出現「專尚語言，以圖口捷」的弊端。大慧宗杲遂焚毀《碧巖錄》木刻版以救時弊，各地佛教叢林只剩零星殘本，此後百餘年《碧巖錄》內容也不流行。大約在元仁宗延祐年間（約西元一三一七年），由浙江書商張明遠重新復刊印行，使《碧巖錄》再度風行於世，稱為「張本」，一直流傳至今。

大慧的宗風為「看話禪」、「話頭禪」，就古則或公案進行參究，來獲得開悟。參話頭時，要放下既有的知識成見。例如，參趙州和尚「狗子還有佛性也無」，大慧說：

看時不用搏量，不用註解，不用要得分曉，不用向開口處承當，不用向舉起處作道理，不用墮在空寂處，不用將心等悟，不用向宗師說處領略，不用掉在無事甲裡，但行住坐臥時時提撕「狗子還有佛性也無」，無提撕得熟，口議心思不及，方寸裡七上八下，如咬生鐵橛沒滋味時，切莫退志，得如此時，卻是個好底消息。不見古德有言：「佛說一切法，為度一切心；我無一切心，何用一切法？」非但祖師門下如是，佛說一大藏教，盡是這般道理。

大慧宗杲要人們不再糾結於語言文字的表象，不應為了參話頭而生起煩惱與複雜的心思，對於所有話頭都應放下執念，不在語言文字上打轉，即可使澄明的心性朗現而出。

大慧所傳被稱為「大慧派」，嗣法弟子有九十餘人，較著名者有佛照德光、東禪思岳、薦福悟本、東林道顏等。遺有《大慧語錄》、《正法眼藏》及《大慧武庫》等著作。

註二〇：晦機元熙（約西元一二三八至一三一九年），元代僧人，江西豫章（約今江西省南昌市）人，俗姓唐。少從西山明覺院明公剃度，後依物初大觀，又參謁東叟仲穎。元貞二年（西元一二九六年）後出世百丈山，至大元年（西元一三〇八年）至杭州淨慈寺，教化流布，「英衲一時輻輳」。延祐二年（西元一三一五年）敕住杭州徑山，三個月後退隱，各山爭相邀請，後至大仰山，重修衰頹已久的溈仰祖庭。延祐六年（西元一三一九年）示寂。著名法嗣有笑隱大訢、保寧天倫、育王祖瑛、東陽德輝等。

註二一：一山了萬（生年不詳至一三一三年），宋末元初僧人，字一山，俗姓金，臨川（約今江西省撫州市）人。從金谿（江西省）常樂院思仁剃度，後遊歷諸方，參東叟仲穎，為其法嗣。皇慶元年示寂，年壽不詳。弟子有小隱師大、無方智普、大覺泰定叟等。

註二二：笑隱大訢（西元一二八四至一三四四年），元代僧人，又稱「龍翔大訢」、「廣智訢」，字笑隱，江州（今江西省九江市）人，俗姓陳。幼年出家，博通內外學。初參一山了萬，未得契悟；又赴百丈山參晦機元熙，得嗣其法，後又參禮中峰明本。

笑隱大訢歷任永嘉（今浙江省溫州市）江心寺、錢塘（今浙江省杭州市）靈隱寺等名剎住持，學徒雲集，風靡天下。元文宗時奉詔入京，向其問道，賜金衲衣。天曆元年（西元一三二八年），元文宗以自己登基前居於金陵時之潛邸改為「大龍翔集慶寺」，敕令大訢開山，賜號「廣智全悟禪師。」

元順帝時，笑隱大訢奉旨校正《敕修百丈清規》。至元二年（西元一三三六年），賜「釋教宗主」之號，掌領五山寺。至正四年（西元一三四四年）圓寂，世壽六十一，法臘四十六。嗣法弟子有宗泐、正祖等。著有《四會語錄》、《蒲室集》等。

註二三：八思巴（西元一二三五至一二八〇年），藏名 Chos-rgyal-hphags-pa，又稱發思八、八合思巴，藏傳薩迦派第五代祖師。十五歲為元世祖忽必烈授戒，十九歲用佛教觀點與道教辯論，批評《老子化胡經》，其辯才無礙論破道士，獲得忽必烈欣賞。於是忽必烈焚燒道教經卷，將道教占據的佛剎歸還佛教。

中統元年（西元一二六〇年），八思巴入蒙受封為國師，任「中原法王」。三年後八思巴歸返西藏，行前被封為藏區政教之主，賜珠寶、冊印。中統五年（西元一二六四年）建立總制院，八思巴兼任總制院使，管理全國佛教及藏族地區事務。除此之外，八思巴受命創制蒙古文字，用西藏文字為基礎而制定，為「八思巴文」，帝賜以「大寶法王」之號。《敕修清規》中「報本章」關於「帝師涅槃」的記載，這位帝師為：「皇天之下、一人之上、開教宣文、輔治大聖、至德普覺、真智佑國、如意大寶法王、西天佛子、大元帝師」，此即八思巴。

註二四：源洪，迴龍真寂寺僧，又稱儀潤源洪、真寂儀潤，生卒年、籍貫均不詳。著有《百丈叢林清規證義記》。

註二五：《百丈叢林清規證義記》又稱《百丈清規證義記》，源供儀潤述，妙永校，內容乃源洪為《敕修百丈清規》所作的疏解和補充，並增加明清相關禪林儀軌制度。本書於道光三年（西元一八二三年）序刊，凡例中云：「證義之作，或隨文釋題，或即事顯理，或補其要義，或推廣衍說。」收錄於《卍續藏》、《禪宗全書》中。

註二六：對於《敕修百丈清規》的批評，包括——

明代蓮池大師（西元一五三五至一六一五年）於《竹窗三筆》說：「蓋建立叢林，使一眾有所約束，則自百丈始耳。至於制度之冗繁，節文之細瑣，使人僕僕爾，碌碌爾，日不暇給，更何從得省緣省事，而悉心窮究此道也？故曰：『後人好事者為之，非百丈意也。』」

蕅益智旭（西元一五九九至一六五五年）於《重治毗尼事義集要》提到：

「百丈清規，久失懷悔禪師本意，並是元朝流俗僧官住持杜撰增飾，文理不通。今人有奉行者，皆因未諳律學故也。」

從蓮池、蕅益等高僧的評論可以看出，他們認為元朝敕修本繁冗增飾，並非百丈懷海規約的原貌。

貳・百丈懷海的主要思想

靈光獨耀，迥脫根塵；體露真常，不拘文字；

心性無染，本自圓成；但離妄緣，即如如佛。

百丈懷海思想上承馬祖道一的「洪州禪」，下啟臨濟、潙仰二大宗派。其思想的主要特點，是主張人人都有「本自圓成」的佛性，修行是不假外求的；以中道的思維傳授佛法，並據此而實踐。百丈懷海對弟子解釋何謂「大乘頓悟法門」時，其中既有「先歇諸緣，放捨身心」的過程，更著眼於「心如木石」對自性的了悟；在教學方法上，提出「割斷兩頭法」，運用不二的觀點來啟迪學人。

本章從百丈懷海的思想核心——「靈光獨耀」出發，介紹其禪法要旨；通過對懷海「心如木石」的把握，了解其修行方法的內容，並介紹何謂「割斷兩頭法」。

心性本自圓成

百丈懷海認為本性是自在且獨立的，一旦開悟，清淨的真如佛性即完全顯現，自然就能體會到心性的「本自圓成」，不受汙染。落實在修行上，只要能反觀自省，離開妄緣，便能回到本來面貌，並證得圓融無礙的智慧。《古尊宿語錄》記載一段關於百丈懷海的著名的開示：

靈光獨耀，迥脫根塵；體露真常，不拘文字；
心性無染，本自圓成；但離妄緣，即如如佛。

這裡說本性（靈光）靈照綻放著光明，超脫於根塵的影響；開悟後，原有清淨的佛性便會全體露現，不被任何語言文字拘束侷限。體悟到這層道理，就可知道心性不受任何汙染，原本就是圓滿成就的；只要遠離妄緣，就能回歸到本來的面貌，也就是真如佛性（如如佛）。

「靈光」意即人人本自具足的佛性，佛性透顯的智慧清淨無染，如同光輝照耀，是超脫感官物欲的層次。「迥脫」（註一）是超脫之意；「迥脫根塵」即指佛性不受六根（眼、耳、鼻、舌、身、意）與六塵（色、身、香、味、觸、法）的影響，全體顯露的樣貌是真實而永久的——「體露（註二）真常」，既不拘泥於任何形式，也並非語言文字可以表達（不拘文字）。心性即是佛性，是清淨的狀態；能通達這層根本的道理，就可知道心性本身就是圓滿成就，不受任何汙染。百丈懷海「心性無染，本自圓成」的思想，應是繼承了馬祖道一「禪道不用修，但莫汙染」（《古尊宿語錄》）的禪法。

在修行的方法上，百丈懷海提出「但離妄緣，即如如佛」，說的是透過反省自心來遠離妄緣，佛性便能顯現出來。「如如」意思是「如於真如」、「覺悟如如之理的佛」，可理解為真如佛性。

「但離妄緣，即如如佛」二句，還可以藉由佛經來參照理解。如《華嚴經．如來出現品》云：

如來智慧無處不至，何以故？無一眾生而不具有如來智慧，但以妄想顛倒執著而不證得；若離妄想，一切智、自然智、無礙智則得現前。

意指清淨的智慧原本沒有塵垢汙染，種種妄緣煩惱也不是固有的；把種種虛妄的念頭去除之後，就能回歸到本來的面貌，證得通達無礙的圓融智慧。

解說大乘頓悟法門

關於入道修行的途徑，百丈懷海認為要先「歇諸緣，休息萬事」，同時放下身心執著，使「心如木石」；當「心如木石」時，便能令智慧朗現。《景德傳燈錄》記載：

僧問：「如何是大乘頓悟法門？」

師曰：「汝等先歇諸緣，休息萬事。善與不善，世出世間，一切諸法，莫記憶，莫緣念；放捨身心，令其自在。心如木石，無所辯別；心無所行，心地若空，慧日自現，如雲開日出相似；俱歇一切攀緣、貪瞋、愛取，垢淨情盡。對五欲、八風，不被見聞覺知所縛，不被諸境所惑，自然具足神通妙用，是『解脫人』；對一切境，心無靜亂，不攝不散，透一切聲色，無有滯礙，名為『道人』；但不被一切善惡、垢淨、有為、世間、福智拘繫，即名為『佛慧』；是非、好醜，是理、非理，諸知見總盡，不被繫縛，處心自在，名『初發心菩薩』，便登佛地。」

有僧人向百丈請教：「大乘頓悟法門的要旨是什麼呢？」百丈說：「先放

下諸緣，停止對萬事萬物的追逐；接下來，不論是善、不善，世間、出世間，對於一切諸法，都不要去強記，不要生起攀緣的念頭；與此同時，要放下對身心的執著，讓身心都能全然地自在。做到心息諸緣之後，要讓『心』如同木石一般，不落在種種的分別之中（心如木石，無所辯別）；而且這個『心』也不自以為是在修行（心無所行），當心地了知諸法空寂的實相後，慧日（註三）自然就會顯現，就如同烏雲消散，太陽又出來了那般。」

關於入道修行的途徑，百丈提出要先「歇諸緣，休息萬事」，即停止牽掛一切境緣，任憑萬事起起滅滅，都不受影響。這裡的看法與六祖惠能說的「屏息諸緣，勿生一念」（宗寶本《壇經》）意思相同；也就是求法時，不應懷著情緒、欲望，要保持內心的純粹。能做到「歇諸緣，休息萬事」後，接著就是「善與不善，世出世間，一切諸法，莫記憶，莫緣念」，意即放下差別的觀念，不去記憶，也不攀緣思念，並且放捨身心，使之自在。

百丈進一步把心性比喻為「木石」；因為，當執著都放下之後，心便不隨境轉，故說「心如木石」。值得留意的是，「木石」並不是像樹木、石頭那樣毫無感情或知覺，而是用來比喻沒有分別妄念的本心；除此之外，也不要以為有一個實體的心正在修行，不要預設任何立場，所以說「心無所行」。當修行到了知諸法空寂的實相時，智慧就會如同太陽在烏雲消散後，自然而然地透顯出來。

佛經中常用「雲覆日月」為喻，以「雲」譬喻煩惱，「日月」則是被煩惱（雲）覆蓋的清淨本心。例如，敦煌本《壇經》說：「自性常清淨，日月常明；只為雲覆蓋，上明下暗，不能了見日月星辰；忽遇惠風吹散，捲盡雲霧，萬象森羅，一時皆現。」

這可與百丈懷海所說的「如雲開日出相似」一同參考理解。前述《壇經》提到清淨自性如同日月，是圓滿光亮、真常不變的；自性因為被煩惱（雲）覆蓋，所以不能了見；唯有通過修行，滌除妄念（惠風吹散，捲盡雲霧——以「惠風」比喻修行後之智慧）；當雲霧盡散後，智慧的日光映照森羅萬象，使一切都能明朗湧現。

「要休歇一切的攀緣、貪瞋和愛取，就能泯除雜染清淨（垢淨）的分別心，達到凡聖一如的不二境界；如此一來，在面對『財、色、名、食、睡』等五欲（註四）和『利、衰、毀、譽、稱、譏、苦、樂』等八風（註五）時，便能不被見聞覺知（註六）障礙束縛，進而不被諸境所迷惑。若能這樣契入，自然就會具備智慧神通的妙用，是『解脫的人』。」

這段話還可以參考百丈懷海弟子溈山靈祐的開示來參照理解，如《溈山警策句釋記》云：「凡聖情盡，體露真常。」說的是凡夫和聖人的心情都泯去，達到凡聖一如的不二境界，便能顯露真實常在的自性。順著「俱歇一切攀緣、貪瞋、愛取，垢淨情盡」來修行，在面對一切諸法時，都能知道是因緣假合而生；所以不論應對的是五欲或八風，都不會被自以為是的見聞覺知所束縛，也不會被任何外境所迷惑；倘若依此契入，自然而然就會具備一切的神通妙用，就是達到解脫的人。

「面對一切境時，本心沒有所謂的平靜或混亂，不需要攝心，它也不會散亂；把握住本心，便能照透一切聲色，出入其中沒有滯礙，這就叫做『修道的人』。」這裡說面對一切境時，沒有所謂的平靜或混亂（心無靜亂），同時也不需要收攝心念；即使有妄念生起，以心性為根本而出發觀照，心念生起時就順勢觀察，導引到正確的思惟上，不需要刻意收攝心念，也不會讓心念散亂（不攝不散）。

這是因為自心本來清淨，不受世間諸相汙染，故毋須追求平靜或是去對治混亂，正如同惠能說的：「此心本淨，無可取捨。」（宗寶本《壇經》）。百丈認為，把握住觀照本心而生起智慧，知道一切聲色只是當下諸緣和合（透一切聲色），所以不去住著，便沒有任何的停滯阻礙，這就是真正的修道之人。

「不被一切善惡、雜染清淨、有為無為、世間出世間、福德智慧拘住繫縛，就叫做『佛智慧』。」

真正的佛智慧，是不落於兩端，是超越有無，不偏不倚的中道，故稱為「佛慧」（註七）。這裡「福智」意指福德智慧，和功德不同。（註八）

「要把是非、好壞、美醜、合於佛理與不合佛理等這些見解通通放下，不被當下一切法繫縛，自心自在，叫做『初發心菩薩』，也就相當於達到成佛的境界。」

對是非、好壞、美醜、合於佛理不合佛理的種種一切現象都平等以待，不執著於高下淺深的區別，便不會被煩惱束縛，自心通達無礙，初發菩提心就相當於升晉到佛的境界；正如《大方廣佛華嚴經》記載：「初發心時，便成正覺；知一切法真實之性，具足慧身，不由他悟。」

心如木石，不為境遷

有人問百丈懷海，面對外境時，要「如何得心如木石」？百丈懷海從一切諸法本不自言，亦無心繫縛人的角度來開示學人；若能認識清淨自性的不動搖，便能不落入種種分別，即是「心如木石」。如《四家語錄》云：

問：「對一境，如何得心如木石去？」

師（百丈懷海）云：「一切諸法，本不自言空，不自言色，亦不言是非垢淨，亦無心繫縛人；但為人自生虛妄繫著，作若干種解會，起若干種知見，生若干種愛畏；但了諸法不自生，皆從自己一念，妄想顛倒，取相而有；知心與境本不相到，當處解脫，一一諸法當處寂滅，當處道場。

「又，本有之性不可名目，本來不是凡、不是聖，不是垢淨；亦非空有，亦非善惡，與諸染法相應，名『人、天二乘界』。若垢淨心盡，不住繫縛，不住解脫，無有一切有為無為縛脫心量，起於生死，其心自在。畢竟不與諸妄虛幻、塵勞蘊界、生死諸入和合；逈（迴）然無寄，一切不拘；去留無閡，往來生死，如門開相似。」

有人問百丈懷海：「面對一切境時，要如何達到心如木石的境界呢？」百丈說：「一切諸法是因緣和合而生，本身不會宣說無形相（空），也不說有形相（色），更也不會認為本身有所謂的是非好壞或清淨雜染，諸法也無心去繫縛人。誤以為被諸法所繫縛，這是因為人們對於世間萬象生起了虛妄的分別心，被不實在的感覺思維束繫住，因而自以為是地做出種種理解、生起種種思慮看法、產生種種愛欲怖畏。須清楚明白一切諸法都是因緣和合而生，不是自己生出自己（諸法不自生）（註九）；之所以會誤解『諸法自生』，是由於人們以自我念頭觀看事物，產生妄念謬誤的分別，取執事理之相的假有所造成的錯謬。是故，如果能明白本心與外境本來就可以不互相干擾、決定（心與境本不相到），則當下就可以解脫；而一切諸法當下就能歸於寂靜無為（寂滅），那麼當下就是成就菩提的道場。」

這段話說明一切諸法本不自言，諸法是緣起性空，因為人們的妄念起了分別心，便產生種種束縛和愛畏。百丈提醒，如果能從因緣和合的觀念來看，認識諸法不自生，則本心自性與任何境相接觸時，都能應對得宜而不被限制綑綁，便不會被妄念遮蔽，即是「心與境本不相到」，就是自在解脫，當下即可成就菩提。

「清淨的本性不可用任何名稱來表達，從無始以來，本性不是凡夫聖人、不是清淨雜染；不是空（梵語 śūnya，與「有」相對）有、不是善惡，因為本性遠離一切差別對待。然而，由於種種因無明而起之法（諸染法），使人執著於分別時，就處於『人、天二乘界』。」

百丈強調，「本有之性」不能用名目來表達，因為任何語言文字或概念、比附都有所局限；不論是稱呼本性、本心或佛性，這些都只是假名施設，是權宜的方式。相同的道理，世間種種千差萬別的「相」，同樣也不可名目；因為，即便是各個名相的不同，從修行的角度來看，也只是成佛過程的一環。如果心生起執著，被無名妄念遮蔽，掉入修惡去善的分別裡，就是處於人、天二乘的境界。

「乘」，梵語 yāna，音譯為衍那，有乘載、運載的意思，用來譬喻教法，佛法如同渡船乘載眾生，運至彼岸。「人、天二乘界」是五乘（註一〇）中的「人乘」和「天乘」，兩者合稱「世間乘」，可得世間善果報；但二乘仍有所執著，與煩惱無明有所相應。

「若是本心不落入垢淨等二元對立之中（垢淨心盡），不住著於繫縛，也不住著於解脫，沒有一切有為無為繫縛解脫的凡夫心量（註一一），就能出入並超越生死，自在無礙。要知道，本心終歸不與種種妄念虛幻、煩惱塵勞、蘊界諸入——五蘊、十八界、十二入（註一二）——等和合在一起，本心不同於這些雜念，並不寄託於任何事物之上（迥然無寄）；是故不會被一切所拘束，就像一道自由開關的門，可以去留無礙，自在往來於生滅之中。」

百丈指出，本心在諸法上進進出出，來去自如，並不寄託於任何一法，就能自在出入任何境相。不論是面對一期一期生命的開始與結束，或是心對境時念頭的生生滅滅，都能自在往來。

本段最後用「門」為喻，來比喻本心的自在自如。一扇門包含「開」與「關」的功能；對「門」而言，隨著物理動作的不同，會出現或開或合的情形，但不會因為開啟或閉合而改變原有的特性。如同自心，面對一切法，對於諸法生滅、心念起落，像門一樣有開關的作用，但並不執取，也不落在種種的分別之中。

割斷兩頭句

百丈懷海把握住佛性並非善惡二元對立的概念出發，在具體的教學方法中，可見到其善於運用不二的觀點來引導學人；其中以「割斷兩頭句」與「透三句外」較為人知，兩者都是為了超越語言文字與知見的相對繫縛而設，有助於修習者於其中自證自悟。

關於「透三句外」，請參閱本書第一部分第四章〈百丈開山，獨坐雄峰〉、「馬祖建叢林，百丈立清規」一節。接下來介紹「割斷兩頭句」，根據《指月錄》記載：

諸佛菩薩喚作示珠人，從來不是箇物。不用知渠、解渠，不用是渠、非渠；但割斷兩頭句，割斷有句、不有句，割斷無句、不無句；兩頭迹不現，兩頭捉汝不著，量數管汝不得。不是欠少，不是具足；非凡非聖，非明非暗；不是有知，不是無知；不是繫縛，不是解脫，不是一切名目。

這裡說諸佛菩薩被稱為「示珠人」，意思是透過種種權宜施設，把佛性珍寶顯示予人。事實上，這些珍寶都是內含於所有眾生的本性之中，任由眾生自行受用，而不是物質上的金銀寶物（從來不是箇物）；若能了解到這層道理，便知「不用知渠、解渠，不用是渠、非渠」，亦即不依靠知解見識或是非觀點，去拘泥或以分析的方法解釋佛性。

百丈進一步舉出各種應割斷的兩頭對立語句，例如「有句、不有句」、「無句、不無句」、「欠少、具足」、「凡聖」、「明暗」、「有知、無知」、「繫縛、解脫」等，並點出佛法的內容不是一切名目所能概括；若是分別對待，將會偏執一方的見解，造成煩惱障礙。

經由上述可知，「割斷兩頭句」意在透過截斷兩邊、不執著於兩端，而從不二中道的角度來修學和理解佛法。

從此處也可以看出，百丈「割斷兩頭句」是對六祖惠能思想上的承襲。例如，「不思善，不思惡，正與麼時，哪個是明上座本來面目？」這段話出自宗寶本《壇經》，是六祖惠能剃度前對惠明禪師（註一三）的說法。「不思善，不思惡」是要惠明把自己的念頭慢慢放下，本來的面目並沒有任何善惡的分別，在根本上是純淨無擾的狀態。這可以與「割斷兩頭句」一起參照理解。

百丈下堂句——是甚麼？

《五燈會元》記載：

師（百丈）有時說法竟，大眾下堂，乃召之；大眾回首，師曰：「是甚麼？」（原文下夾註：「藥山目之為百丈下堂句」）」

禪史提到，百丈說法結束，當眾人欲散未散之時，他會特意再次召喚學人；等大家紛紛回過頭來，百丈便拋出一句：「是甚麼？」藥山惟儼便把這打破常規的接機句，稱為「百丈下堂句」。

「是甚麼？」是一句銳利顯眼的機語。百丈的目的並不是讓人竭盡精力去思慮或推測說法的內容，因為開示宣說也只是為了啟發修學者的方便施設。百丈問：「是甚麼？」一方面是要提醒大家不忘時時觀照內心，看看在這個過程中，見到了什麼佛法的深意；更深一層的方面，「是甚麼？」說的就是本來面目，是期待眾人能見到自己不迷不悟的本性。

本章最後一小節，特意用百丈懷海的「下堂句」作結，期待讀者在閱讀瀏覽後，對於書中內容，也都能停下來問問自己：「是甚麼？」

【註釋】

註一：「迥脫」為超脫、超出之意。關於「迥脫」二字，可參考黃檗希運的「上堂開示頌」，其中詩偈云：「塵勞迥脫事非常，緊把繩頭做一場；不經一番寒徹骨，焉得梅花撲鼻香？」這首詩是用來勉勵弟子修行時要堅定心念，以「寒氣」和「梅花香」為喻，在修行的過程中要不畏艱難困苦，方能悟道解脫。

詩句指出，超脫六塵並非容易的事，修行者好比牧童，須日日放牧牛隻；牛隻如果沒有經過放牧和馴服，就會任意咆哮奔跑，猶如眾生未除的煩惱，隨時可能出現貪瞋癡。所以牧童（修行者）要緊緊握好繩索牽繫牛隻，收攝心念（緊把繩頭），並下工夫持修精進。末二句是傳唱古今的名句，黃檗希運用「寒徹骨」譬喻修行過程中的考驗和難關，接著以「梅花撲鼻香」展現修習佛法後脫胎換骨的境地。修行如同歷經霜雪的梅花，若沒有經過寒冬徹骨的考驗，又怎麼能聞到撲鼻而來的梅花香氣呢？

註二：「體露」意指全體露現而顯出事物的真貌。關於「體露」一詞，有一則「體露金風」的禪門公案可以用來參照理解。《碧巖錄》記載：「僧問雲門（雲門文偃）：『樹凋葉落時如何？』雲門云：『體露金風。』」公案透過落葉情景來討論修行，以「落葉」、「金風」為喻，象徵遠離妄緣後，顯露本性的境界。

僧人問雲門文偃：「樹葉凋落的時候，要怎麼辨呢？」這裡用樹葉凋落比喻煩惱塵垢，落葉飄落而下，即便經常打掃，還是會天天出現。僧人藉「樹凋葉落時如何」的提問，意在請教，究竟要如何才能去除煩惱妄念呢？

雲門文偃說：「秋風吹落樹葉，樹幹便裸露出來了。」「體露金風」是

「金風體露」的倒裝句。雲門文偃的意思是，煩惱（落葉）出現就出現吧！心念生起時，煩惱映現為各種樣貌（落葉）；隨著秋風照樣活動、起作用，只要不被外境牽引，煩惱即菩提，一旦開悟了，本來清淨的佛性便會全體露現（體露）。

註三：慧日，梵語 jñāna-divākara，與「慧光」、「慧照」等詞同義。如《妙法蓮華經．觀世音菩薩普門品》云：「無垢清淨光，慧日破諸闇；能伏災風火，普明照世間。」用日光來比喻佛的智慧，能普照眾生，破除無明煩惱黑暗。

註四：五欲，梵語 pañca kāmāḥ，又做「五妙欲」，染著五境（色、聲、香、味、觸）所起的五種欲望，即眼見色、耳聞聲、鼻嗅香、舌嘗味、身覺觸。

註五：八風，又稱「八法」，包含「四違」（又稱「四逆」）與「四順」；衰、毀、譏、苦是「四違」，利、譽、稱、樂是「四順」。《佛地經論》云：

世間諸法略有八種：一、利；二、衰；三、毀；四、譽；五、稱；六、譏；七、苦；八、樂。得可意事名「利」，失可意事名「衰」；不現誹撥名『毀』，不現讚美名「譽」；現前讚美名「稱」，現前誹撥名「譏」；逼惱身心名「苦」，適悅身心名「樂」。如是八種，總有二品：四違名苦，四順名樂，生欣慼故。

註六：見聞覺知即為「六根」（眼、耳、鼻、舌、身、意）對「六境」（色、聲、香、味、觸、法）產生見、聞、嗅、味、觸、知等了別作用之眼識、耳識、鼻識、舌識、身識、意識等「六識」的作用。如《阿毘達磨大毘婆沙論》云：「眼識所受名『見』，耳識所受名『聞』，三識（鼻識、舌識、身識）所受名『覺』，意識所受名『知』。」

註七：佛慧，梵語 tathāgata-jñāna-darśana，又作佛智慧、佛智，指諸佛的智慧，是最高無上的聖智。

註八：關於「功德」與「福德」的不同，或可參考惠能對韋璩的開示內容。宗寶本《壇經》記載：

公（韋璩）曰：「弟子聞達磨初化梁武帝，帝問云：『朕一生造寺、度僧、布施、設齋，有何功德？』達磨言：『實無功德。』弟子未達此理，願和尚為說。」

師（惠能）曰：「實無功德，勿疑先聖之言；武帝心邪，不知正法。造寺、度僧、布施、設齋，名為求福，不可將福便為功德；功德在法身中，不在修福。」

師又曰：「見性是功，平等是德；念念無滯，常見本性，真實妙用，名為功德。內心謙下是功，外行於禮是德；自性建立萬法是功，心體離念是德；不離自性是功，應用無染是德；若覓功德法身，但依此作，是真功德。若修功德之人，心即不輕，常行普敬；心常輕人，吾我不斷，即自無功；自性虛妄不實，即自無德。為吾我自大，常輕一切故。善知識！念念無間是功，心行平直是德；自修性是功，自修身是德。善知識！功德須自性內見，不是布施供養之所求也；是以福德與功德別。武帝不識真理，非我祖師（達摩）有過。」

依據上引的《壇經》來看，首先，韋璩刺史問到：「先前聽說達摩祖師在度化梁武帝時，梁武帝曾經問達摩說：『我這一生建造寺廟、度化僧人、布施財物、設齋供養，做了這麼多事情，有什麼功德呢？』達摩回答：『並無功德。』弟子不明白其中的道理，請師父為我開示。」

惠能說：「梁武帝做這些是沒有功德的！韋刺史您不要懷疑達摩大師所說的話；這是梁武帝心中存著邪見，不知曉正法。建造寺廟、度化僧人、布施財物、設齋供養，這些叫做追求『福德』，不應該將追求福德來當作功德；所謂的功德，是在於體悟法身中的佛性，不在於做一些可以修得福報的事。」

惠能進一步對於「功德」進行闡釋：「發現自身具備的佛性是『功』，除去煩惱、實踐眾生平等就是『德』；念念之間沒有滯礙，經常能照見本性，並且運用佛性真實的神妙變化，便稱為『功德』。進一步來說，內心謙卑不傲慢是『功』，表現在外的行為合於禮是『德』；從自性中建立的萬法皆是佛性的顯現是『功』，內心絕離癡愚妄念是『德』；不離自身佛性是『功』，能應用自性又不受雜染是『德』；若是尋覓功德法身，只要依照這樣去施行，便是真正的功德。只要是對於功德透徹了解的人，便不會有輕慢的心，並且會對普遍的人秉持敬重的態度；如果心懷傲慢，不能斷除對自我的執著，就不會有『功』；如果自性虛妄不實，就不會有『德』。這是因為若心中只想著自我，便會自大且常輕慢一切的緣故。您若能時時刻刻不斷地想到佛法，這就是『功』；心念和行為都能平穩正直，這就是『德』；自己能體會、領悟佛法是『功』，自己能實踐真如是『德』。所以，您要明白，功德是從自身本性去尋找，而不是依靠布施供養去求來的，這就是『福德』與『功德』的差別。梁武帝不瞭解真理，並不是達摩祖師說錯。」

註九：不自生：一切諸法都是因緣和合而生，不自生、不他生、不共生、不無因生為「四不生」，用來彰顯「諸法無生」。《中論》說：「諸法不自生，亦不從他生，不共、不無因，是故知無生。」

（一）不自生：一切諸法不以自己為因而生成自己。

（二）不他生：一切諸法不以他法為因而生成。

（三）不共生：一切諸法不以各種固定的外緣為共因而生成。

（四）不無因生：一切諸法並非無因而生成。

註一〇：「五乘」指佛法教化的五種法門，有數種不同說法；一般所說的五乘，指人乘、天乘、聲聞乘、緣覺乘、菩薩乘。

（一）人乘（梵語 manusya-yāna）：以三歸（歸依法、歸依佛、歸依僧）、五戒（不殺生、不偷盜、不邪淫、不妄語、不飲酒）為乘，運出三塗（地獄道、餓鬼道、畜生道；塗通「途」，指道路）、四趣（地獄、餓鬼、畜生、阿修羅等四個往生處，又稱「四惡趣」）而生於人道。

（二）天乘（梵語 deva-yāna）：以上品十善（不殺生、不偷盜、不邪淫、不妄語、不惡口、不兩舌、不綺語、不貪欲、不瞋恚、不邪見）與四禪八定（「色界四禪」和「無色界四定」合稱「四禪八定」，即初禪、二禪、三禪、四禪；空無邊處定、識無邊處定、無所有處定、非想非非想處定）為乘，運載眾生越於四洲（梵語 catvāro dvīpāḥ，指人類居住的洲渚，以須彌山為中心，四方分別有東勝身洲、南贍部洲、西牛賀洲、北俱盧洲）而達天界。

（三）聲聞乘（梵語 śrāvaka-yāna）：即以四諦法門（苦、集、滅、道）為乘，運載眾生越於三界（眾生居住的三種世界，欲界、色界、無色界），至有餘涅槃而成阿羅漢。

（四）緣覺乘（梵語 pratyeka-buddha-yāna）：即以十二因緣（無明、行、識、名色、六處、觸、受、愛、取、有、生、老死）法門為乘，運載眾生越於三界，至無餘涅槃而成辟支佛。

（五）菩薩乘（梵語 bodhisattva-yāna）：即以悲智六度（布施、持戒、忍辱、精進、禪定、智慧）法門為乘，運載眾生總超三界三乘之境，至無上菩提大般涅槃之彼岸。

註一一：心中生起妄想，種種度量外境，是凡夫的心量；若能離一切攀緣而住於無心（無攀緣心），就是「無心之心量」。如《楞伽經》云：「觀諸有為法，離攀緣所緣；無心之心量，我說為心量。」

註一二：「五蘊」的「蘊」（梵語 skandha）是積聚、集合的意思。「五蘊」即色蘊、受蘊、想蘊、行蘊、識蘊，意思就是物質的積聚、感受的積聚、概念認定的積聚、情意的積聚與分別式認知的積聚。或譯為「五陰」。「十八界」為「六識」加上「十二處（入）」。佛教將眾生攝取資訊的管道分成內、外六處共十二個。「六內入處」為眼、耳、鼻、舌、身與意內入處，又稱為「六根」；前五者相當於感官，也有認為是較細微的感官神經，「意入處」則是綜合、分析各種資訊的能力。「六外入處」又稱「六境」、「六塵」，指的是色、聲、香、味、觸與法外入處，即為「六內入處」所對應的六種現象；例如：「眼內入處」所看到的，就是顏色、形狀等「色外入處」的顯現。「十二處」加上眼、耳、鼻、舌、身與意等「六識」即為「十八界」。「六識」指的是「六內入處」捕捉到「六外入處」時所產生的分別認知、分析、判斷、思考等動作。

註一三：惠明（西元五八六至六九二年），即道明禪師。法名初為惠明，俗姓陳；為避諱上師惠能名，故改為道明。鄱陽（今江西省上饒市下轄鄱陽縣），為陳宣帝裔孫，南朝陳亡國後編入冊籍而為平民。於永昌寺出家，曾親炙五祖弘忍，後承惠能開示，但仍未領悟；後來獨自前往廬山峰頂寺，三年後方開悟密語。後至袁州蒙山創立蒙山道場，傳惠能之法。

參・百丈懷海之弟子與法脈傳承

玄參之賓，四方麕至，即有溈山、黃蘗（檗）當其首。

百丈懷海門下人才濟濟，以溈山靈祐和黃檗希運較為人所知，正如《景德傳燈錄》記載：「玄參之賓，四方麕至，即有溈山、黃蘗（檗）當其首。」溈山靈祐與仰山慧寂開「溈仰宗」，是禪宗「五家七宗」最早立宗的門派；黃檗希運弟子臨濟義玄衍出臨濟宗，其後又開黃龍派與楊岐派。本章介紹溈山靈祐、黃檗希運二位禪師之行誼及影響。

溈山靈祐

出家因緣

溈山靈祐（西元七七一至八五三年），福州長溪人（今福建省寧德市下轄霞浦縣南方），俗姓趙。

相傳，小時候在庭院玩耍時，靈祐曾遇神奇景象，因而被認為是真佛子，這個傳說出自《宋高僧傳》：

> 祐丱年戲於前庭，仰見瑞氣祥雲，徘徊盤鬱；又如天樂清奏，真身降靈。衢巷諦觀，耆艾莫測。俄有華巔之叟，狀類罽賓之人，謂家老曰：「此群靈眾聖標異。此童，佛之真子也，必當重光佛法。」

據傳所載，靈祐童年的時候在前庭遊戲時，抬頭看到祥雲瑞氣徘徊盤繞，像是吹奏著天樂，彷彿有佛真身要降靈的樣子。街頭巷尾的人紛紛跑來仰望他頭頂上方的奇景，長者們也對這奇特現象不明就裡。與此同時，在場有位白髮老者（華巔之叟），長相似乎是西域的人（罽賓之人），他對靈祐的族老們說：「天上的祥雲是神靈眾聖，標示出與眾不同者。這個孩子啊，他是真佛子，日後一定會弘揚佛法！」後來，靈祐果然出家。

十五歲那年，靈祐在「八閩第一古剎」建善寺依恒常律師（生卒年及生平事蹟不詳，又稱「法常」，史書為避諱唐穆宗李恒而改）出家，發心為寺院工作，總是負責好幾倍的勞務。（《宋高僧傳》云：「執勞每倍於役」）靈祐後來到杭州龍興寺受具足戒，由龍興寺義賓——為高僧曇一（註一）弟子——教授律學，精通大小乘經律。

師承百丈

《宋高僧傳》說，靈祐是在天台受到寒山、拾得的提點下（詳見本書第一部分第四章〈百丈開山，獨坐雄峰〉、「石門守塔，住持寶峰」一節），前往溈潭參謁百丈懷海。依《景德傳燈錄》的說法，靈祐初見懷海時，年方二十三；懷海一見靈祐便深為器重，馬上讓他成為入室弟子。

這對師徒之間，有許多充滿妙趣的對話，可以看出二人以心印心的默契。例如，《景德傳燈錄》記載：

一日，（溈山靈祐）侍立。百丈問：「誰？」師曰：「靈祐。」百丈云：「汝撥鑪中有火否？」師撥云：「無火。」百丈躬起深撥得少火，舉以示之，云：「此不是火？」師發悟禮謝。

有一天，靈祐站在百丈懷海旁邊服侍。懷海問到：「這是誰啊？」靈祐回答：「我是靈祐。」懷海又問：「去把爐灰給撥一撥（「撥鑪」，撥弄爐灰；鑪，通「爐」），看看爐子裡還有沒有餘火。」靈祐撥了撥爐子後回答：「沒有火了。」接著懷海起身親自示範，用手深深地撥動爐中灰燼，得到了少許的星火；於是懷海舉起餘火問靈祐：「（你怎麼說沒火了？）這不是火嗎？」靈祐當下頓悟，朝著百丈懷海禮拜道謝。

百丈懷海以「火」比喻佛性，同時藉由撥動爐火（撥鑪）探測靈祐悟境。靈祐以為灰燼中已經沒有火苗，這是因為火苗（原有的清淨佛性）暫時被「灰燼」（象徵種種煩惱妄念）給遮蔽了；然而，一時之間看不到火光，並不代表「火」（佛性）不會再出現。於是，百丈懷海親手「深撥」爐中灰燼，舉起餘火展示給靈祐看。這裡的「深撥」，隱喻著修行之「深」。當師父從舉起星火，靈祐即刻開悟。原來，佛法與修行無處不在，也在尋常生活中的火爐餘灰中，是否能時時觀照、反省，也有賴修行過程中的深刻用功。

踢倒淨瓶：得溈山勝境

關於靈祐獲得百丈懷海咐囑前往溈山道場的因緣，最初是堪輿師司馬頭陀以風水骨相的角度提出（詳見本書第一部分第七章〈祖師傳說〉、「司馬頭陀」註釋內容）；然而，僧團首座華林覺（生卒年及生平事蹟不詳）提出異議。於是，百丈宣布：若是可以當眾對出精彩的句子，就可以讓他到大溈山住持。師徒們的對話討論，正是著名公案「趯倒淨瓶」。《景德傳燈錄》載：

百丈是夜召師（靈祐）入室，囑云：「吾化緣在此，溈山勝境汝當居之，嗣續吾宗，廣度後學。」時，華林聞之曰：「某甲（我）忝居上首，祐公（靈祐）何得住持？」百丈云：「若能對眾下得一語出格，當與住持。」即指淨瓶問云：「不得喚作淨瓶，汝喚作什麼？」華林云：「不可喚作木楔也。」百丈不肯，乃問師（靈祐），師（靈祐）趯倒淨瓶。百丈笑云：「第一坐（華林覺）輸却山子也。」遂遣師（靈祐）往溈山。

百丈某天夜晚召靈祐進入方丈室，叮囑道：「我教化眾生的因緣道場在這裡（即百丈山），溈山勝境應當由你前去居止，希望你能紹承宗門，到溈山去廣度學人。」這件事情被首座弟子華林覺知道後，覺得不甘心，問師父：「我是僧團中的首席弟子，為什麼您吩咐靈祐前往溈山住持，卻不是派我去呢？」

看到華林覺提出異議，百丈便想了一個方法進行甄選。百丈說：「我出一道題目，如果你能當眾應對出精彩的回答，就讓你去溈山當住持吧！」話一說完，百丈便指淨瓶問道：「這東西不叫『淨瓶』（註二），你說說它應該叫什麼名字？」華林覺說：「不可以叫做木拖鞋（「木楔」）。」聽到華林覺的回答，百丈覺得不到位，接著便用相同的問題問靈祐；只見靈祐伸腳踢倒淨瓶，不發一語。看到這樣的舉動，百丈懷海笑著說：「華林覺上座輸掉了一座山啊！」說完便遣靈祐前往溈山。

這則公案中，華林覺只是看到了淨瓶作為物質的意義，執著於此物「是」什麼，或者「不是」什麼，故回答：「不可喚作木楔也。」可以看出華林覺被

「名稱」與物品的「材質」給困住了，只看出淨瓶與其他物品的差別，而未能看到構成淨瓶的根本條件。

靈祐則明白「淨瓶」是由因緣所構成，喚作「淨瓶」，只是世俗的假名施設——依人們的分別建立給予的名稱，無所謂淨瓶本身的存在。所以他不發一語，表示不執著於事物的表象，接著踢倒淨瓶。

「淨瓶」作為出家人六物之一，按規定必須置放於乾淨的地方，取用時也要先清潔雙手，故稱為「淨」瓶；靈祐踢倒後，淨瓶本身便不是乾淨的，甚至可能粉碎、摔毀，原先被賦予的功能也不復存在。靈祐踢倒淨瓶並不是否定淨瓶的意義與價值，而是從更為根本之處，指出淨瓶本身是一件眾緣和合的物品。淨瓶就如同佛法的傳承一般，不是實體之物，應隨順因緣而變通，才能廣布到世間各地。

潭州開山，法難隱匿

唐憲宗元和（約為西元八〇六至八二〇年）末年，靈祐奉師之命前往潭州（約為今湖南省長沙市下轄寧鄉市）西北大溈山棲止。這裡人煙罕至，常有野獸出沒；靈祐甚至要和猿猴為伍，一起採集果實充飢。漸漸地，前來聽法的山民變多，當地民眾便集合起來為靈祐建造寺院。唐朝宰相裴休時任潭州刺史，篤信佛法，時常向靈祐諮問玄旨；靈祐的聲譽日益隆盛，往來參學者雲集。

會昌年間（西元八四一至八四六年），唐武宗下令廢佛，世稱「會昌法難」。在朝廷勒令僧尼還俗的規定下，靈祐只能用布包裹頭部，和弟子隱匿於民間。直到唐宣宗大中元年（西元八四七年）恢復佛教，由裴休親自迎接，勸請靈祐重新剃髮為僧，重歸緇流。從靈祐對於法難的應對，也可以看出其深悟踢倒淨瓶的意義，不執著於一種固定的形態弘傳佛法。

唐朝大中年間，李景讓統攝潭州，奏請朝廷將靈祐住持的溈山寺院，敕號「同慶寺」。

溈山宗風

靈祐住山四十餘年，大揚宗風，接引無數學人，世稱「溈山靈祐」。靈祐於唐大中七年（西元八五三年）正月示寂，世壽八十三，法臘六十四，謚號「大圓禪師」，著有《潭州溈山靈祐禪師語錄》一卷、《溈山警策》一卷傳世。

靈祐的禪法以「三種生」較為人知。《人天眼目》云：

吾以「鏡智」為宗要，出三種生，所謂想生、相生、流注生。《楞嚴經》云：「想相為塵，識情為垢。」二俱遠離，則汝法眼，應時清明。云何不成無上知覺？想生，即能思之心雜亂；相生，即所思之境歷然。微細流注，俱為塵垢；若能淨盡，方得自在。」

這裡說靈祐以「鏡智」（即「大圓鏡智」，也就是佛智）為宗要，遠離「三種生」（想生、相生、流注生），便能達到達自由無礙的境界。

溈山嗣法弟子有四十一人，包含仰山慧寂（註三）、香嚴智閑、徑山洪諲、西山道方等人。其中仰山慧寂，取「溈」、「仰」二字，開「溈仰宗」，奉溈山靈祐為溈仰之祖。溈仰宗為禪宗五家中最早開宗，興盛於晚唐五代，至宋朝逐漸衰絕，流傳約一百五十年。

黃檗希運

出家及悟道因緣

黃蘗希運（生年不詳，卒於西元八五〇年，一說為八五五年），又稱「黃『蘗』希運」，福建閩縣（今福建省福州市）人；據現代考證，俗姓或姓林。《宋高僧傳》說，希運大約六、七歲時，正到了就學的年紀。當時的鄉校（相當於現今小學）覺得這個孩子充滿智慧，或許是個利根器，於是割愛，讓希運到黃蘗山寺出家，世稱「黃蘗希運」。

據禪史記載，希運的相貌特殊，身高七尺長，額頭隆起像肉珠的樣子，聲音也十分明亮爽朗。據《祖堂集》記載，希運後來四處遊方，曾經到過天台；在遊歷京城（長安）的時候，受到一位老婆婆的啟發，要希運到江西參禮百丈懷海。《古尊宿語錄》則記載，希運原本欲參禮馬祖道一，但是道一禪師已圓寂；後來聽說祖師塔位建於石門，便前往瞻禮，見到在塔旁結廬的百丈懷海，於是向百丈請益，有「巍巍堂堂」之談。

關於二人初次會晤的討論內容，詳見本書第一部分第四章〈百丈開山，獨坐雄峰〉、「石門守塔，住持寶峰」一節。

黃檗希運開悟的因緣，是從百丈舉馬祖道一當年「一喝三日聾」出發，黃檗聽了之後不自覺地吐了吐舌頭，這段對話被稱為「黃檗吐舌」。通過百丈，希運見識到馬祖道一大機大用的智慧後，卻說自己日後並沒有要傳道一之法，否則將會斷子絕孫。此舉獲得懷海印可，並稱許他有「超師之見」。關於公案原文以及內容解說，詳見本書第一部分第五章〈機鋒變化，直指人心〉、「黃檗吐舌」一節。

黃檗開山，裴休崇敬

希運後來在江西洪州高安縣的靈鷲峰弘法，因為懷念家鄉的黃檗山，便直接改靈鷲峰為「黃檗山」。

開山後，前來求法的人非常多，「四方學徒，望山而趨，睹相而悟；往來海眾，常千餘人。」（〈黃檗山斷際禪師傳心法要序〉）唐朝宰相裴休在洪州、宣州上任時，時常與希運請益，往來密切。裴休為了能迎請希運到龍興寺說法，更寫一首詩來傳達心意：

自從大士傳心印，額有圓珠七尺身；
掛錫十年棲蜀水，浮杯今日渡漳濱。
八千龍象隨高步，萬里香花結勝因；
擬欲事師為弟子，不知將法付何人？

這首詩大致是表達裴休對希運的景仰之意，想邀請禪師離開黃檗山（「蜀水」，即高安縣，指黃檗山）到龍興寺（「漳濱」，即章水，指鍾陵龍興寺）說法，並且懇切地希望能拜希運為師，以秉受心法。黃檗希運也回以一詩：

心如大海無邊際，口吐紅蓮養病身；

自有一雙無事手，不曾祇揖等閒人。

希運回覆：「我的心如同大海一樣無邊無際，能涵容萬物；平日宣說佛法引導學人的同時，其實也是在滋養自身。雖然我有一雙無所事事的手，卻也不曾對著等閒之輩打躬作揖。」這二首詩的內容都出自《居士分燈錄》。從希運的詩句可以看出，面對裴休的恭維，他的態度不卑不亢，說自己雖然有一雙「無事手」，卻也不輕易對人作揖（作揖是古代敬禮儀式，執禮人雙手抱拳，朝受禮人拱手行禮）。

希運的意思是，成佛之路無論如何修行，不論跟隨那一位師父學習，也只是根據自己的根器，來選擇適的法門。裴休雖說要拜師，但師徒之間是否因緣相契，日後是否能領略法門意旨，仍待後續修行過程中的勘驗，故說「不曾祇揖等閒人」。

會昌二年（西元八四二年），希運移居鍾陵龍興寺，裴休朝夕問道，時常請益。然而，隨著會昌年間朝廷一道道下達滅佛敕令，希運只能與弟子隱居山林，直到唐宣宗即位後才重新恢復傳法。

唐宣宗大中二年（西元八四八年），裴休轉任宣州，又再次迎請希運到宣州開元寺駐錫，傳授佛法。

從龍興寺到開元寺，裴休把前前後後在希運門下學習到的禪法內容，以及祖師日常語錄加以整理，集為《黃檗山斷際禪師傳法心要》（下稱《傳法心要》）、《黃檗斷際禪師宛陵錄》二書，並為之作序。

《宋高僧傳》與《景德傳燈錄》都說希運於大中年間圓寂，《佛祖統紀》記為「大中九年」（西元八五五年）；朝廷敕謚「斷際禪師」，塔名「廣業」。他的法嗣有臨濟義玄（註四）、睦州道明、千頃楚南等十二人，而以臨濟義玄最為知名。

機鋒峭峻，三打臨濟

黃檗希運思想的主要特點，是圍繞「心」的闡釋和發揚，是對馬祖道一「即心即佛」思想的繼承。例如，《傳法心要》說：

諸佛與一切眾生，唯是一心，更無別法。

此法即心，心外無法；此心即法，法外無心。

黃檗希運所說的「心」，是「此本源清淨心，常自圓明遍照」（《傳法心要》），即眾生本具的清淨本性，也就是佛性。

以「唯有一心，更無別法」的思想出發，落實在啟迪門徒上，為了打破學人的妄念斷見，希運有時會用打、棒、喝的方式來接機，也成為日後臨濟宗風的淵源。

黃檗希運對臨濟義玄有過「三問三打」之事，打完之後，讓義玄前去參訪大愚禪師；通過高安大愚（註五）的點撥，義玄方明白黃檗用心，並於言下開悟。

《碧巖錄》載：

檗（黃檗希運）住後，機鋒峭峻。臨濟在會下，睦州（睦州道明）為首座，問云：「上座在此多時，何不去問話？」濟云：「教某甲（我）問什麼話即得？」座（睦州）云：「何不去問：『如何是佛法大意？』」濟便去問，三度被打出。

濟辭座（睦州道明）曰：「蒙首座令三番去問，被打出，恐因緣不在這裏，暫且下山。」座云：「子若去，須辭和尚（黃檗希運）去方可。」

首座預去白檗云：「問話上座，甚不可得，和尚何不穿鑿教成一株樹去，與後人為陰涼。」檗云：「吾已知！」濟來辭。檗云：「汝不得向別處去，直向高安灘頭，見大愚去。」

濟到大愚，遂舉前話：「不知某甲過在什麼處？」愚云：「檗與麼老婆心切，為你徹困，更說什麼有過無過？」濟忽然大悟，云：「黃檗佛法無多子。」

這則公案展現了黃檗希運禪風機鋒之峭峻。當時黃檗門下由睦州道明擔任首席弟子；睦州首席留意到臨濟似乎沒有親自向黃檗參問過，於是鼓勵臨濟要向師父提問；然而，臨濟一時不知道該問些什麼。於是睦州建議：「不如問問師父：『什麼是佛法大意？』」臨濟便以此問題問了師父三次，沒想到三回都被黃檗打了出來。於是，臨濟便覺得因緣不契，想離開黃檗山另尋出路。

睦州讓臨濟離開之前向師父辭別，還特別去向黃檗稟告，盼師父為後人成就可庇蔭世人之材；可見睦州亦有識人之明。於是，臨濟行前，黃檗便指點他到高安灘頭找大愚禪師。

臨濟按照師父的提示見到了大愚，也把自己被打了三回的事情提問大愚，想知道究竟自己什麼地方做錯了？（不知某甲過在什麼處？）大愚則說：「黃檗這是和老婆婆一樣愛子心切，為你操極了心，你居然還跑來這裡問有無過錯？」聽到大愚這樣說，臨濟言下大悟，便說：「黃檗的禪法原來沒什麼特別的嘛！（黃檗佛法無多子）」「無多子」意為「沒有多少」，引伸為「沒有什麼特別之處」。

此時臨濟明白了，佛法本來就是簡潔直接的，師父說再多也無益，重要的是自心開悟。黃檗三打自己，是透過「打」這個動作截斷自己的妄念，因為佛法是任由自己受用的；臨濟卻一而再、再而三地問個不停，沒看到師父的用心。直到大愚說黃檗「老婆心切」，了解了黃檗的用意，便當下開悟。

臨濟義玄後創立大機大用的臨濟宗，是中國禪宗最具代表性的宗派。其下黃龍慧南衍出黃龍派，楊岐方會開楊岐派。

【註釋】

註一：曇一（西元六九二至七七一年），唐代僧人，山陰（約為今浙江省紹興市）人，俗姓張。《宋高僧傳》說他：「年十五，從李滔先生習《詩》、《禮》，終日不違；十六，聽雲門寺茂亮法師經論，一聞懸解；法師異之。」

曇一在唐朝景龍年間出家，初從當陽曇勝律師學《事鈔》，後遊長安，又依觀音寺大亮律師習律、崇聖寺檀子法師學《唯識》、《俱舍》等論。著有《發正義記》十卷，闡說南山、相部二宗之別。後住會稽開元寺，講四分律及行事鈔二十餘遍，度眾達十萬人，被稱為「人中師子」。弟子有朗然、神皓、辨秀、道昂等人。

註二：「淨瓶」，梵語 kundik，音譯為軍遲、君持、捃稚迦澡罐，是用來貯水的器具。水瓶分淨、觸二種；用來貯淨水的稱為淨瓶，必須淨手才能持之，而且要安放在乾淨的地方；至於觸者，是為了便利，隨觸手執用，置於觸處（隨手可觸的地方）。

註三：仰山慧寂（西元八〇七至八八三年），溈山靈祐法嗣，廣東番禺人（今廣東省廣州市番禺區）俗姓葉。自幼即有出家之志，九歲時依和安寺通禪師；十七歲立誓落髮，自斷二指來表示決心。先參謁耽源應真，又入溈山靈祐門下，侍奉十五年，獲靈祐印可；後到大仰山宣揚溈山宗風，被稱為「仰山小釋迦」。說法時常用手勢來啟發學人，人稱「仰山門風」。中和三年（西元八八三年）示寂，世壽七十七，諡號「智通禪師」。弟子有西塔光穆、南塔光涌、無著文喜等。

註四：臨濟義玄（生年不詳，卒於西元八六七年），黃檗希運法嗣，臨濟宗之祖。曹州南華（約為今河南省商丘市）人，俗姓邢。自幼出家，幼初參黃檗希運，又禮謁高安大愚、溈山靈祐等人，後回到希運門下並受印可。

唐宣宗大中八年（西元八五四年），住於臨濟院，以「三玄三要」、「四料簡」等方法接引學人，世稱「臨濟義玄」。臨濟禪風機鋒凌厲，有「德山棒、臨濟喝」之稱，教法別成一家，門庭興盛。咸通八年（西元八六七年）四月示寂，敕謚「慧照禪師」。嗣法弟子有三聖慧然、興化存獎、灌谿志閑等二十二，慧然編有《鎮州臨濟慧照禪師語錄》一卷。

註五：高安大愚（生卒年不詳），《景德傳燈錄》列於廬山歸宗寺智常禪師法嗣六人之一，而歸宗智常上承馬祖道一；然而，《景德傳燈錄》未載錄大愚生平傳記。

附錄

百丈懷海年譜

歲數	西元	唐朝帝號、年號
一歲	七四九	唐玄宗天寶八年
出生於福建。		
約十九歲至二十歲	約七六七至七六八	約唐代宗大曆二年至三年
「落髮於西山慧照和尚，進具於衡山法朝律師」，正式成為比丘。		
約二十歲至二十一歲	約七六八至七六九	約唐代宗大曆三年至四年
於浮槎寺潛心閱讀經藏，深入浩瀚佛法。		
約二十一歲至二十三歲	約七六九至七七一	約唐代宗大曆四至六年

二十四歲

七七二　唐代宗大曆七年

參禮馬祖道一。

跟隨馬祖道一前往洪州。

四十歲

七八八　唐德宗貞元四年

正月，隨馬祖道一重遊石門。二月一日（一說二月四日），馬祖道一圓寂。

四十三歲

七九一　唐德宗貞元七年

七月十七日馬祖塔建成。於石門為師守塔並住持寶峰。

約四十六歲

約七九四　約唐德宗貞元十年

帶著弟子沿著馮水而上，到車輪峰之下，抵達新吳大雄山。

約四十六歲至六十五歲

約七九四至八一三　約唐德宗貞元十年至唐憲宗元和八年

百丈懷海自立開山，學者往來雲集。於此期間逐步草創禪門規約，世稱「百丈清規」、「禪門規式」、「古清規」。

八一四　唐憲宗元和九年　六十六歲

正月十七日百丈懷海圓寂。

參考資料

一、佛經、古籍

北涼，曇無讖譯，《大般涅槃經》，收錄於《大正藏》第十二冊。

後秦，鳩摩羅什譯，《大智度論》，收錄於《大正藏》第二十五冊。

後秦，鳩摩羅什譯，《佛垂般涅槃略說教誡經》，收錄於《大正藏》第十二冊。

後秦，鳩摩羅什譯，《金剛般若波羅蜜經》，收錄於《大正藏》第八冊。

劉宋，求那跋陀羅譯，《楞伽阿跋多羅寶經》，收錄於《大正藏》第十六冊。

劉宋，求那跋陀羅譯，《雜阿含經》，收錄於《大正藏》第二冊。

唐，道宣，《續高僧傳》，收錄於《大正藏》第五十冊。

唐，法海編，《南宗頓教最上大乘摩訶般若波羅蜜經六祖惠能大師於韶州大梵寺施法壇經》（敦煌本），收錄於《大正藏》第四十八冊。
唐，般剌蜜帝譯，《大佛頂如來密因修證了義諸菩薩萬行首楞嚴經》，收錄於《大正藏》第十九冊。
唐，裴休集，《黃檗山斷際禪師傳法心要》，收錄於《大正藏》第四十八冊。
唐，權德輿，〈唐故洪州開元寺石門道一禪師塔銘（並序）〉收錄於《全唐文》卷五〇一。
唐，陳詡，〈唐洪州百丈山故懷海禪師塔銘〉，收錄於《全唐文》卷四四六。
後晉劉昫、宋歐陽修等撰，《兩唐書經籍藝文合志》，臺北：世界書局股份有限公司。
南唐，靜、筠，《祖堂集》，收錄於《大藏經補編》第二十五冊。
北宋，贊寧，《宋高僧傳》，收錄於《大正藏》第五十冊。
北宋，道原，《景德傳燈錄》，收錄於《大正藏》第五十一冊。

北宋，李遵勗，《天聖廣燈錄》，收錄於《卍續藏》第七十八冊。

北宋，重顯頌古，克勤評唱，《佛果圜悟禪師碧巖錄》，收錄於《大正藏》第四十八冊。

北宋，慧洪集，《林間錄》，收錄於《卍續藏》第八十七冊。

北宋，宗賾集，《（重雕補註）禪苑清規》，收錄於《卍續藏》第六十三冊。

南宋，賾藏主集，《古尊宿語錄》，收錄於《卍續藏》第六十六冊。

南宋，悟明，《聯燈會要》，收錄於《卍續藏》第七十九冊。

南宋，普濟，《五燈會元》，收錄於《卍續藏》第八十冊。

南宋，宗鑑集，《釋門正統》，收錄於《卍續藏》第七十五冊。

元，宗寶編，《六祖大師法寶壇經》（宗寶本），收錄於《大正藏》第四十八冊。

元，德輝編，李繼武校點，《敕修百丈清規》，鄭州：中州古籍出版社。

元，東陽德輝重編，《敕修百丈清規》，收錄於《大正藏》第四十八冊。

元，弌咸編，《禪林備用清規》，收錄於《卍續藏》第六十三冊。
明，文琇集，《增集續傳燈錄》，收錄於《卍續藏》第八十三冊。
明，瞿汝稷集，《指月錄》，收錄於《卍續藏》第八十三冊。
明，朱時恩輯《居士分燈錄》，收錄於《卍續藏》第八十六冊。
清，性音迦陵編（於集雲堂），收錄於《卍續藏》第六十六冊。
清，儀潤證義，《百丈叢林清規證義記》，收錄於《卍續藏》第六十三冊。
編者不詳，《馬祖道一禪師廣錄（四家語錄卷一）》，收錄於《卍續藏》第六十九冊。
編者不詳，《百丈懷海禪師語錄（四家語錄卷二）》，收錄於《卍續藏》第六十九冊。
編者不詳，《百丈懷海禪師廣錄（四家語錄卷三）》，收錄於《卍續藏》第六十九冊。

二、現代專書

謝重光，《福建歷代高僧評傳：百丈懷海禪師》，福建：廈門大學出版社。
果如法師，《野鴨子飛過去了．百丈禪師語錄》，臺北：佛陀教育基金會。
賈晉華，《古典禪研究：中唐至五代禪宗發展新探》（修訂版），上海：上海人民出版社。
麻天祥主編，《禪宗語錄》，上海：上海辭書出版社。
張圓笙，《獨坐大雄峰：百丈懷海》，臺北：法鼓文化事業股份有限公司。
華鳳馨，《懷海大師傳》，高雄：佛光文化事業有限公司。
楊曾文，《唐五代禪宗史》，北京：中國社會科學出版社。
杜繼文、魏道儒，《中國禪宗通史》，江蘇：江蘇人民出版社。
李明書編撰，《六祖惠能——禪源曹溪》，臺北：慈濟傳播人文志業基金會。

李明書編撰，《神秀禪師——北宗禪之祖》，臺北：慈濟傳播人文志業基金會。
李明書編撰，《達摩祖師——漢傳禪宗初祖》，臺北：慈濟傳播人文志業基金會。
阿部肇一著，關世謙譯，《中國禪宗史》，臺北：東大圖書股份有限公司。

三、學術論文

黃姵馨，《百丈懷海農禪思想之研究》，新北：華梵大學東方人文思想研究所碩士論文。
溫金珍，《百丈懷海禪法研究》，江西：南昌大學人文學院哲學系碩士論文。
徐文明，〈馬祖道一生平的幾個問題〉，收錄於《馬祖與中國禪宗文化學術研討會論文集》。

徐文明，〈禪宗三百丈大師考〉，收錄於《佛學研究》第九期。

趙文，〈從禪門清規看佛教寺院制度的中國化〉，收錄於《中國宗教》。

四、網路資料

北宋，樂史編，《太平寰宇記》，資料來源：中國哲學書電子化計劃

網址：https://ctext.org/wiki.pl?if=gb&res=637263

北宋，歐陽脩，《新唐書》，資料來源：中國哲學書電子化計劃

網址：https://ctext.org/wiki.pl?if=gb&res=182378

明，王應山，《閩都記》，資料來源：中國哲學書電子化計劃

網址：https://ctext.org/wiki.pl?if=gb&res=450013

明，曹學佺，《大明一統名勝志》，資料來源：中國哲學書電子化計劃

網址：https://ctext.org/wiki.pl?if=gb&res=450531

溫金玉，〈黃檗希運及其禪法〉，
網址：http://chan.bailinsi.net/1998/5/1998506.htm
溫金玉，〈溈仰宗眼〉，網址：http://chan.bailinsi.net/1997/1/1997112.htm
王榮國，〈馬祖道一傳法活動考論〉，
網址：https://www.docin.com/p-290372.html
郭輝圖，〈馬祖道一返蜀的時間、動機及其影響〉，
網址：https://fo.ifeng.com/zhuanti/mazudanchen/yanjiu/200909/0907_444_57896_1.shtml
何明棟，〈馬祖道一大師在贛弘法聖跡述略〉，
網址：http://chan.bailinsi.net/1996/3/1996305.htm
一行佛學辭典搜尋：http://buddhaspace.org/dict/
佛陀教育基金會，各祖師傳記，
網址：https://www.budaedu.org/budaedu/buda4.php

中台世界，禪宗祖師，網址：https://www.ctworld.org.tw/chan_master/
王思熙，〈孤峰頂上立，鬧市人裡行〉，
網址：https://www.rhythmsmonthly.com/?p=16553
人名規範資料庫（法鼓山），網址：https://authority.dila.edu.tw/person/
維基百科

國家圖書館出版品預行編目（CIP）資料

百丈懷海：奠定禪林清規／李明書編撰 — 初版
臺北市：經典雜誌，慈濟傳播人文志業基金會，2024.01
400 面；15×21 公分 —（高僧傳）
ISBN 978-626-7205-90-7（精裝）
1.CST：（唐）百丈懷海 2.CST：禪宗 3.CST：佛教傳記
229.34 112022864

百丈懷海——奠定禪林清規

創 辦 人／釋證嚴

編 撰 者／李明書
主編暨責任編輯／賴志銘
行政編輯／涂慶鐘
美術指導／邱宇陞
插圖繪者／徐淑貞
美術編輯／劉邦志、徐淑貞
校對志工／林旭初

發 行 人／王端正
合心精進長／姚仁祿
傳 播 長／王志宏

出 版 者／經典雜誌
慈濟傳播人文志業基金會
112019臺北市北投區立德路2號
客服專線／（02）28989991
傳真專線／（02）28989993
劃撥帳號／19924552 戶名／經典雜誌
印 製／新豪華製版印刷股份有限公司
經 銷 商／聯合發行股份有限公司
231028新北市新店區寶橋路235巷6弄6號2樓
（02）29178022
出版日期／2024年1月初版一刷
定 價／新臺幣380元